인공지능의 이론과 실제

포스트휴먼사이언스 06

인공지능의 이론과 실제

한국포스트휴먼연구소 · 한국포스트휴먼학회 편저

아카넷

《포스트휴먼사이언스 총서》 간행에 부쳐

인간이 한낱 자연물인지 그 이상의 어떤 품격을 가지고 있는지에 대한 팽팽한 논란의 와중에 이 논란을 더욱더 격화시키고, 인간 위격(位格, humanism)의 근본을 뒤흔드는 상황을 빚은 것은 유사인종('posthomo sapiens')의 출현 가능성이다. 인간의 지능 못지않은 또는 능가하는 인공지능이 개발되고, 그에 힘입어 종래에 인간이 해냈던 일들을 척척, 경우에 따라서는 더욱더 효율적으로 해내는 로봇이 곳곳에서 활동하며, 인체에 대한 물리학적 생물학적 탐구가 진전해감에 따라 자연인과 얼핏 구별하기도 어려운 또는 어느 면에서 훨씬 탁월한 사이보그가 활보하는 사회도 멀리 있지 않은 것 같다.

이러한 상황에서 인간의 수명 연장과 능력 증강에 대한 욕구가 과학기술을 부추기면 아마도 자연인으로 태어난 인간도 종국엔 모두 사이보그가 될 것이다. 심장은 기계펌프로 교체되며, 어떤 장기는 여느 동물의 것으로 대체되고, 부실한 한쪽의 뇌는 인공지능이 대신할 가능성이 또는 우려가 점점 커지고 있다. 의생명공학적 조작에 의해 다수의 동일인이 대체(代替)적으로 생을 이어갈

수도 있으며, 사람이 노화는 해도 노쇠는 하지 않아 더 이상 동물적 죽음은 없을 것이라는 전망마저 나오고 있다. 게다가 당초에는 인간에 의해 제작되고 조정을 받던 로봇이 정교화를 거듭하면 마침내는 스스로 로봇을 제작하고 스스로 조작하고 조정하여, 도리어 인간을 제압하고 자기 도구로 사용하는 국면마저 도래할지도 모를 일이다.

"지식이야말로 힘이다"라는 매력적인 표어는 과학적 지식이 전근대적인 삶의 고초들로부터 사람들을 해방시키고, 의식주의 필수품을 구하는 데 매인 사람들의 삶에 자유와 여가를 줌으로써 충분한 신뢰를 확보하였다. 그러나 힘인 지식은 '가치중립적'이라는 구실 아래 어느 주인에게나 순종한다. 힘인 지식은 타인을 지배하고, 자연을 개작하고, 세계를 정복하고, 수요가 있는 곳에서는 제한 없이 이용된다. 지식은 기술에든, 자본에든, 권력에든, 전쟁에든 가리지 않고 힘이 된다. 갈수록 과학과 기술이 인간생활의 중심을 이루는 것은 사람들이 그를 통해 자연과 인간을 완전히 지배하기 위해 자연과 인간을 이용하는 지식=힘을 얻을 수 있다고 보기 때문이다. 과학기술의 진보는 실로 자연, 즉 대상(객체)들을 지배할 힘을 증대시켜간다. 그러나 그 결과는 자칫 인간의 인간다움을 위협하거나 훼손시킬 수도 있다.

산업적으로 군사적으로 그 유용성이 점차 확인되는 마당에서 로봇의 기능은 급속도로 향상될 것이며, 인간의 끝없는 생명 연장 욕구를 충족시키는 의료기술과 함께 생명공학은 진시황적 소망을 성취하기 위해 질주할 것이다. 그리고 이를 정당화하는 논리 또한 개발될 것이다. 이른바 '포스트휴머니즘(posthumanism)'은 자칫 그러한 궤도에 들어설 우려가 크다. 이러한 시대 상황에서 인간 위격의 고양을 위해 우리는 무엇을 할 것인가?

《포스트휴먼사이언스 총서》는 이러한 문제의식과 물음을 공유하는 사람들이 함께 해답을 찾는 도정에서 얻은 결실들을 담고 있으며, 이 총서의 간행은 〈한국포스트휴먼연구소〉, 〈한국포스트휴먼학회〉와 '미래로!'라는 슬로건 아래 미래 사회를 전망하고 대비하는 〈대우재단〉의 협업에 의해 이루어진 것이다. 이 총서가 도래하는 포스트휴먼사회의 현실에 대한 인식을 확산시킴으로써, 휴먼과 포스트휴먼의 공존이 더욱더 휴머니즘의 진보를 이끄는 데 기여할 것을 기대한다.

《포스트휴먼사이언스 총서》 기획간행위원회
위원장 백 종 현

차례

서문

　한 권 책에 담기에는 너무 야심찬 일이겠으나, 이 책의 목적은 인공지능의 과거, 현재, 그리고 미래를 가늠하는 것, 혹은 그러한 시도를 시작하는 것이다. 이는 지난 몇 년 동안 쏟아져 나온 인공지능에 대한 많은 정보와 다양한 논의들을 이제는 종합적으로 정리하고 고민해야 할 시점이 도래했다는 판단에 따른 것이다. 물론 그 노력의 결과가 만족할 수준에 이르려면 상당한 시간과 에너지가 투여되어야 한다. 따라서 한시라도 빨리 인공지능과 관련한 여러 이슈들, 즉 그 기술적 가능성의 검토, 사회적 영향력에 대한 숙고, 법적 제도적 대안의 마련, 실질적인 적용 범위의 확정 등을 함께 논의할 수 있는 장을 마련해야 한다.

　이 책은 이러한 작업의 시작점에 놓여 있기도 하지만, 그동안 같은 문제의식으로 함께 모인 전문가들이 공동으로 작업한 결과물이기도 하다. 2016년과 2017년에 걸쳐 포스트휴먼학회는 인공지능을 주제로 다양한 전문가들의 발표를 듣고 인공지능과 바람직한 미래의 모습을 가늠하려 애썼다. 인공지능의 역사부터 현재 인공지능 기술을 주도하고 있는 딥러닝, 그리고 의료와 법률 분야에서 인공지능이 실제로 적용되는 상황을 파악하고, 그 철학적 윤리적 함의가 무엇인지도 함께 논의했다. 그 모든 논의를 이 책에 담지는 못했으나, 적어도 인공지능에 관심 있는 각 분야 전문가들에게 참고가 될 만한 융합적 논의의 틀은 마련했다고 생각한다.

각 주제에 대한 본격적인 논의는 본문의 몫으로 두고, 여기서는 '인공지능의 과거, 현재, 그리고 미래'를 구성하는 요소들에 대해 잠시 살펴본 뒤에 이어지는 각 장들의 내용을 간략히 소개한다.

지능

'인공지능'은 그 명칭 자체부터 해결해야 할 문제가 많은 개념이다. 인공위성이나 인공관절처럼 그것이 모방하려는 대상의 특징이나 기능을 직관적으로 이해할 수 있는 경우와 달리, 어떤 능력을 '지능'으로 보아야 할지가 명확하지 않기 때문이다. 모방의 대상이 되어야 할 인간의 지능은 정확한 정의는커녕 그 능력의 범위를 특정하기조차 어렵다. 그 지능이 어떻게 작동하고 자라는지 모사하기도 쉽지 않고, 포괄하기 어려운 다양한 측면들을 포함하기 때문이다. 인간의 지능은 한편으로는 대단히 정교하며 신비하기

조차 한 능력을 포함하고 있어 도저히 인공적인 장치로 흉내 낼 수 없을 것 같은 우월함을 보인다. 하지만 다른 한편으로는 간단한 계산기에도 미치지 못하는 너무나 뚜렷한 한계를 지닌다. 이런 어려움 때문에 최근까지도 모두가 합의할 수 있는 만족스러운 지능의 정의는 제시된 바 없다.

기능적 혹은 결과론적으로 지능을 정의하려는 시도로 튜링 테스트가 있다. 대화 국면에서 상대가 인간인지 컴퓨터인지 판단할 수 없을 정도가 되면 인공지능이라 할 수 있다는 것이다. 컴퓨터 채팅 같은 상황을 염두에 둔 이 기준의 시의성 문제나 사람의 침묵과 컴퓨터의 침묵을 어떻게 구분할 것인지에 대한 모호성 문제를 차치하더라도, 이는 매우 엄격한 잣대다. 오늘날 많은 이들이 인공지능이라 부르는 기능들은 이 기준을 충족하지 못한다.

설사 그 기준을 어떤 방식으로든 충족하는 인공지능을 만들 수 있다 하더라도 여전히 여러 가지 물음이 남는다. 일차적으로는 그것을 '지능'이라 부를 수 있는지를 물을 수 있다. 만약 그것을 지능으로 인정한다면 인간에 대한 이해도 얼마간 재편되어야 할 것이다. 인간에 대한 전통적인 정의 중 하나가 '생각하는 인간'인데, 그 '생각'에 지능이 차지하는 자리가 어디인지를 특정해야 한다. 지능을 놓고 보았을 때 인간과 인공지능 사이에 중대한 차이점이 없다는 결론에 이른다면, 인공지능을 어떻게 사용하고 대우해야 할 것인지의 문제가 생긴다. 예를 들어 인공지능이 도덕적 판단의 주체와 객체가 될 수 있다고 본다면 지금까지 독점적인 지위를 누려온 인간의 자리가 위협을 받게 된다. 만약 이러한 가능성을 염두에 둔다면, 그와 같은 지능을 개발해야 하는 이유가 무엇인지에 대한 의문이 생길 것이다.

인공

'인공'도 문제다. 인공관절의 경우, 그것에 요구되는 기능이 분명하게 정의되기 때문에 제작자는 뚜렷한 목표를 설정하고 제작에 들어간다. 모든 재료와 부품의 선정 기준이 비교적 명확하고, 그것들이 어떤 방식으로 조립되어야 할지도 계획할 수 있다. 그렇기 때문에 실제 관절보다 더 잘 기능하는 인공관절을 개발하면 사람들은 환호하고 기뻐할 것이다. 그러나 인공지능의 '인공성'은 그리 간단하지 않다. 오늘날 많은 사람들이 그리는 인공지능의 인공성은 인공관절의 그것과 다르다. 인간의 지능이 끊임없이 외부 세계와 소통하며 스스로를 변화시켜가는 것처럼, 인공지능 역시 끊임없는 데이터의 유입을 통해 스스로를 개선해간다. 인공지능이 내리는 결정은 지능을 가진 사람이 내리는 결정처럼 어떤 과정을 통해 도출되었는지 알 수 없다. 인공관절의 인공성이 내포하는 제작자 인간의 통제와 능력이 인공지능에는 그대로 적용되지 않는다. 인공관절의 기능과 기능의 결과는 실제 관절과 사실상 동일하지만, 인공지능이 성공적으로 기능했을 때 그 결과는 우리의 예측 밖에 있기 때문이다.

그래서 알파고의 예에서 보듯이, 인공지능의 기능이 사람보다 더 낮다는 것이 발견되면 왠지 모를 불안함이 엄습하는 것이다. 애당초 지능의 역할이 투입된 바를 기계적으로 처리하여 예측 가능한 산출을 제시하는 것이 아니라는 점을 기억한다면 인공지능이 제대로 기능한 결과인데도 말이다. 인공지능과 관련하여 혼재하는 기대와 불안을 굳이 풀어 표현하자면, 우리는 인간의 지성처럼 작동하되 인공관절처럼 철저하게 인간의 통제하에 있는 그 무엇을 원하고 있는 셈이다.

여기서 '인공'이라는 말이 가지고 있던 지배와 통제의 함의를 새롭게 발견하게 된다. 애당초 '인공'이라는 말은 단순한 모방을 의미하는 것이 아니라, 사람이 만들어 사용한다는 주체적인 의지가 담겨 있었다. (사실 이런 바람이 다른 기술의 경우에도 실현되지 않았다. 기술철학의 여러 연구들은 기술이 인간의 삶과 사고를 급진적으로 바꾼 사례들을 보여준다.) 그러나 인공지능은 인간의 통제를 벗어나는 것이 곧 성공이라는 역설을 성립시켜 지금까지의 인공성을 완전히 벗어나 버린다.

인공지능의 미래

인공지능이 제기하는 개념의 문제는 그것대로 풀어야 할 숙제이지만, 그렇다고 그 문제에만 계속 매달려 있을 수는 없다. 당장 인공지능의 이름을 달고 바로 몇 해 전까지 불가능하던 일들이 실제로 벌어지고, 인공지능의 사용 사례나 사용 계획이 쉴 새 없이 제시되기 때문이다. 대중의 관심이 뜨거워지면서 온갖 희망과 절망의 아이디어들이 속출한다. 이쯤 되고 보니 어디까지가 사실이고 어디까지가 광고인지, 어디까지가 진짜 가능성이고 어디부터가 투자 사기인지 분간하기조차 어렵게 되고 말았다.

인공지능이 가져올 미래에 대한 여러 가지 고찰은, 인공지능이라 불리는 기술에 대한 보다 실체적인 정보와 지식에 근거해야한다. 인공지능이 어떤 과정을 거쳐 발전되어왔으며, 작금의 발전현황과 그 기본 원리가 무엇인지에 대한 차분한 논의가 먼저 있은 후에야 앞으로 일어날 상황에 대한 평가를 내릴 수 있다. 그런데 오늘날 인공지능에 대한 많은 담론은 이러한 과정을 생략하고 미래로 치닫는 경향이 있다. 과거와 현재의 맥락을 결여한 채 진행되는 미래 담론은 흥미롭지만 위험하다. 미래가 이런저런 모습이 될 것을 상정하고 이루어지는 논의는 미래가 현재의 기획이어야 한다는 어찌 보면 당연한 사실과 유리된다. 예를 들어 '강인공지능'에 대한 여러 가지 논의들은 흥미롭기는 하지만 적절한 맥락에서 이루어지지 않으면 허무한 말잔치가 될 가능성이 많다.

가장 경계해야 할 것은 미래가 저절로 오는 것처럼 생각하는 태도이다. 미래는 현재의 기획을 통해 도래하는 것인데도, 오늘날 첨단 기술에 대한 논의들은 다가올 미래를 어떻게 준비할 것인가에 집중되어 있는 경우가 많다. 이러한 접근은 각 기술 개발의 각단계에서 어떤 공학 설계가 이루어지고 어떤 정책적, 규범적 조치가 내려질지에 대한 모든 논의를 무색하게 한다. 나아가 인간 스스로를 타자화하여 기술사회의 발달과 전개 과정에서 스스로를 무력한 존재로 취급하는 결과를 낳는다.

인공지능의 미래는 오늘에 달려 있다. 따라서 오늘 인공지능을 개발하는 사람들과 관련 정책을 입안하는 사람들, 그리고 그 기술의 영향을 받게 될 시민이 어떻게 준비하는가에 따라 미래의 모습은 달라질 수 있다.

인공지능의 현재

현재 우리가 '인공지능'이라 부르는 기술들은 튜링의 기준에 미치지 못한다. 그러나 많은 이들이 다양한 시도들을 통해 종국에는 엄격한 의미의 인공지능이라 불릴 만한 것들에 이를 것이라 믿는다. 그 궁극의 목표 달성과는 무관하게, 오늘날 개발된 정도의 인공지능으로 수행할 수 있는 수많은 일들이 있다. 이러한 논의에서는 인공지능에 대한 엄격한 정의가 그다지 큰 효용이 없다. 제한된 영역에서 사용될지라도, 앞서 논의한 바와 같이 인간의 통제와 판단을 넘어서 있는 인공지능 기술의 사례는 많다. 이에 따라 우리 삶의 각 영역에서 엄청난 변화가 예고된다. 당장 의료 분야나 법률 분야, 기계번역이나 자율자동차와 같은 신기술 분야에서는 인공지능을 이용한 다양한 시도들이 이루어지고 있다.

인공지능을 비롯한 신기술들을 통한 우리 시대의 변화에 제대로 대처하고 바람직한 미래를 기획하기 위해서는 현재 일어나고 있는 다양한 기술 개발의 현황을 파악해야 한다. 인공지능과 그

발달 및 활용의 맥락과 현실을 제대로 이해해야 그 함의와 가능성을 가늠할 수 있고, 그런 총체적인 이해가 있어야 새로운 시대를 맞이할 수 있을 것이기 때문이다. 문제는 이러한 흐름을 배경지식이 없는 일반인이 이해하기가 쉽지 않다는 것이다. 그러나 그 어려움은 반드시 극복해야 할 숙제다. 기술의 발전에 따른 이익과 불이익의 최종 수혜자가 될 시민과 정책을 통해 기술의 발전 속도와 방향을 조절할 수 있는 정부가 정확한 정보를 가지는 것이 중요하다. 전문가들은 현재의 기술 개발 상황에 대한 친절한 설명을 통해 정보를 교환하고 더 나은 세상을 만들기 위한 노력에 적극적으로 동참할 필요가 있다.

이러한 노력을 통해 이루어야 할 것은 구체적인 법제이다. 인공지능의 미래에 대한 논의도 중요하지만, 현재 일어나고 있는 기술 개발의 현실과 가까운 미래의 상황을 종합적으로 고려하여 기술 개발을 촉진하면서도 인간의 삶을 더욱 풍요롭게 할 수 있는 다양한 규범들을 수립해야 한다.

인공지능의 과거

우리 사회에서 인공지능이 큰 관심을 끌게 된 것은 2016년 3월에 이루어진 알파고와 이세돌 9단의 바둑 대결이었다. 이후 비슷한 시기에 큰 발전을 이룬 딥러닝 기반의 인공지능이 많은 성과를 내면서 딥러닝 기술을 인공지능과 자연스럽게 동일시하게 되었다. 그러나 이러한 이해는 인공지능의 오랜 역사를 감안할 때 정확하지 못하다. 인공지능이 발전해온 과거의 궤적을 좀 더 면밀하게 살펴보면, 오늘날의 성과는 오랜 동안의 다양한 연구와 시도를 통해 비로소 나타난 것임을 알 수 있다. 이 맥락을 파악하는 것은 현재 상황이 어떻게 도래했는지 이해하는 데도 중요하지만, 미래의 발전 방향을 가늠하는 데도 꼭 필요하다. 지금의 흐름을 주도하고 있는 기술이 유일한 선택이 아니며, 다양한 발전의 가능성이 상존함을 보기 때문이다.

이 책의 구성

이 책의 각 장들은 지금까지 약술한 다섯 가지 요소들을 이론과 실제로 나누어 융복합적이고 종합적인 논의들을 수행한다. 그러나 주제별로 각 장을 다시 분류하자면 크게 둘로 나눌 수 있다. 하나는 인공지능 기술에 대한 이해이다. 1장은 인공지능의 역사를 개괄하고 2장은 딥러닝의 원리를 설명한다. 다음의 네 장은 인공지능 기술이 구체적으로 적용되는 영역에 대한 소개와 그에 대한 철학적 분석을 시도한다. 3장은 법률 분야에서 이루어지고 있는 인공지능 기술의 실제 사용 사례를 분석한다. 4장은 왓슨(Watson)이라는 브랜드로 인공지능 서비스를 처음 상업화한 IBM이 인공지능 윤리에 관해 어떻게 접근하고 내재화하고 있는지를 소개한다. 마지막으로 5장에서는 인공지능과 다소 거리를 둔 채 발전하고 있는 블록체인 기술이 가지는 정치적 함의를 다룬다. 5장을 더한 이유는 블록체인 기술이 처음부터 정보기술의 정치적인 측면을 부각하면서 등장한 기술이기 때문이다. 블록체인에 대한 심도 깊은 분석을 통해 인공지능의 정치적 함의에 대한 통찰을 얻을 수 있다. 더구나 블록체인 기술은 인공지능과 더불어 정보기술의 미래에 가장 중요한 축이 될 가능성이 높다. 인공지능은 그 다양한 종류를 불문하고 이미 구축된 데이터를 기반으로 할 수밖에 없는데 블록체인 기술은 그 데이터의 수집과 관리 영역에서 전혀 다른 패러다임을 제시하고 있기 때문이다.

각 장은 여러 분야의 전문가들이 집필했다. 1, 2장은 공학자가, 3, 4장은 해당 분야에서 실무를 담당하는 전문가가, 5장은 철학자가 담당했다. 서로 다른 분야의 전문가들이 함께 모여 이러한 시도를 하는 이유는 인공지능이 불러올 엄청난 변화를 바람직한 미래로 연결하기 위해서다. 인공지능의 개념에 대한 탐구와 실제 개발의 맥락이 만나고, 인공지능의 개발자와 사용자가 소통하며, 현실적 가능성에 대한 평가와 윤리적 고려가 함께 이루어지지 않으면 안 된다.

1장 「거꾸로 보는 인공지능의 역사」에서 인공지능 연구자 박충식은 역사란 항상 특정 시점에서 쓰이기 때문에 항상 '거꾸로 보는' 것일 수밖에 없음을 전제하면서도, 본인의 시도가 특정한 맥락, 즉 딥러닝 기술이 유행하는 시점을 염두에 두었음을 밝힌다. 이 특정한 시점에서 인공지능의 역사를 이루는 여러 중요한 사건들을 다시 살펴보면 각 사건들의 의미가 새롭게 드러나기 때문이다.

박충식은 이론이나 논문뿐 아니라 인공지능의 역사에서 의미가 있었던 사건들까지 시간 순으로 제시한다. 각 논문과 사건은 인공지능의 기술 분화가 진화계통도처럼 제시되고 중요한 인공지능 관련 논문과 사건의 핵심 연구자가 제시되는 에이마이너(aminer) 사이트의 인공지능 역사 이미지(https://aminer.org/ai-history)를 기준으로 한다. 인공지능의 역사를 보기에 따라서는 몇 가지의 흐름으로 나누어 볼 수 있을 것이다. 그러나 주어진 그림을 통해서도 알 수 있듯이 그 흐름들은 일관적으로 이어지기보다 복잡한 상호작용을 통해 발전해왔다. 따라서 박충식은 도식적 구분보다 시간적 흐름에 따라 각 논문과 사건을 다루되, 그 연결고리를 명확하게 밝히는 방식으로 논의를 전개하여 이해를 돕는다.

1장의 논의를 따라가다 보면, 오늘날 큰 성과를 보이고 있는 딥러닝 기술이 완전한 인공지능이 아니라는 점, 즉 과거의 많은 인공지능 기술이 제기했던 문제들이 딥러닝으로 해결되지 않았을 뿐 아니라 여전히 유효한 문제로 남아 있음을 알 수 있다. 예를 들어 인공신경망 기술을 통하여 효과적으로 기호적 인공지능의 기능을 구현하려는 노력은 이전에도 있었고 현재도 딥러닝 기술에 힙입어 더욱 주목받고 있는 상황이다. 또한 '체화된 인지'라는 관점에서의 로봇 연구와 인공지능 연구도 다시 관심이 필요하다고 할 수 있다. 1장의 인공지능 기술의 사건 목록과 설명들은 인공지능 기술 자체에 대한 이해를 확장하게 할 뿐 아니라, 향후 인공지능과 관련된 인문학적 논의를 더욱 풍성하게 할 수 있는 계기를 마련한다.

2장 「**딥러닝이란 무엇인가**」는 최근 급격한 발전을 경험하고 있는 인공지능의 핵심 기술인 딥러닝을 자세하게 설명한 글이다. 딥러닝 연구자인 최희열은, 최근 알파고의 승리를 이끌어내고 이미지 인식과 번역 등 다양한 영역에서 서비스를 제공하기 시작한 이 기술을 최대한 알기 쉽게 설명하기 위해 이 글을 썼다. 물론 비전공자에게는 여전히 쉽지 않지만, 딥러닝의 원리와 구조를 전체적으로 파악하는 데 큰 도움이 될 것이다.

딥러닝은 신경망으로 구성되어 있는데, 기존의 얕은 신경망에서 계층수를 증가시켜 심층신경망을 이루고, 빅데이터를 이용하여 심층망을 효과적으로 학습함으로써 패턴인식이나 추론의 성능을 향상한다. 계층을 쌓는 것은 단순해 보이지만, 이러한 계층의 증가로부터 오는 양적 변화가 패턴인식 분야에서는 패러다임의 변화를 일으킬 만큼 대단한 혁신으로 이어졌다.

2장에서는 우선 '학습'을 어떻게 이해할 것인지에 대한 기본적인 논의를 제시한 다음 심층망의 발전 역사 및 다양한 개념들을 살펴본다. 그리고 학습 원리 및 주요 모델들을 설명하고 이들이 실제 응용 분야에서 어떻게 적용되는지를 사례 중심으로 설명한다. 마지막으로는 현재 딥러닝의 연구 방향과 한계 등을 논의한다. 최희열은 인공지능이 고도화되어 인류를 위협하게 될 가능성보다는, 인공지능의 결함이나 오남용을 통해 생겨날 문제들이 더 위협적이라고 본다. 그렇기 때문에 막연한 불안감에 시달리기보다는 인공지능의 핵심기술인 딥러닝의 배경과 개념들을 살펴보고 이해하는 것이 더 중요하다고 주장한다.

3장 「인공지능 판사, 어디까지 와 있는가」에서 법무법인 민후의 대표변호사인 김경환은 미국을 중심으로 확대되고 있는 인공지능 판결 프로그램의 현황과 함의를 다룬다. 미국의 여러 주에서는 이미 형사 사법 알고리즘을 도입하여 보조적으로 판결에 사용하고 있다. 김경환은 미국 뉴저지주의 PSA(Public Safety Assessment, 공중안전평가) 사례를 소개한다. PSA는 피의자의 위험, 즉 재범 가능성을 측정하고 공판 전 석방할 경우 재판 절차에 계속 참여할 것인지를 측정한다. 판사는 PSA의 권고를 참고하여 피의자의 공판 전 석방을 최종 결정하게 된다. 뉴저지주는 2017년 이 시스템을 전체 피의자의 공판 전 석방 절차에 도입하여 보석금이 없어 교도소에 머무르는 피의자의 수를 효과적으로 줄였다고 한다. 그러나 여러 가지 논란이 없지 않다. 김경환은 앞으로 이러한 기술이 우리나라에도 곧 적용될 것임을 예상하면서 관련해서 미리 생각해야 할 고려 사항들을 제시한다.

4장 「인공지능 시대의 책임과 윤리: IBM 사례를 중심으로」는 인공지능 기술이 인류 사회의 많은 부문에서 활용되기 시작하면서 그에 대해 긍정적 전망과 부정적 견해가 분분한 상황을 배경으로 한다. IBM의 상무 이성웅은 현재까지 인공지능에 관한 인류

사회의 논의와 그 결론을 "인공지능이 인류를 멸망시키지는 않을 것이다. 인공지능은 인간의 능력을 더욱 확장하는 데 도움을 줄 것이다. 그러나 그렇게 하기 위해서는 할 일이 많다"는 말로 요약한다. 다시 말해서 인공지능을 건설적으로 활용하기 위해서는 그 발전을 적절한 방향으로 인도해야 한다는 것이다.

이성웅은 인공지능 기술의 발전이 인류에게 제기하는 새로운 도전에 주목한다. 특히 기존의 법과 제도를 중심으로 한 거버넌스로는 인공지능을 다루는 데 한계가 있다. 따라서 인공지능 기술이 인간의 능력을 확장하고 인류에게 도움이 되도록 하기 위해서 가장 중요한 일은 인공지능의 윤리적 개발과 활용이다. 이성웅은 먼저 그간 주요 국가들이 인공지능의 윤리적 개발과 활용을 국가 어젠다로 삼아 노력해온 바를 검토한다. 이어서 왓슨이라는 브랜드로 인공지능 서비스를 처음 상업화한 IBM이 인공지능 윤리에 관해 어떻게 접근하고 내재화하고 있는지 소개한다. 이를 통해 그는 기존의 법과 규제를 중심으로 한 거버넌스를 전환하여 기업 등 공급자와 개발자의 자율적 윤리 규범을 내재화하는 등 새로운 인공지능 거버넌스가 필요함을 주장한다.

4장의 결론에서는 인공지능 기술을 둘러싼 거버넌스와 관련하여 다음과 같이 제안한다. 첫째, 인공지능 기술의 능력과 한계에 관하여 '사실'에 근거한 논의가 이루어져야 한다. 둘째, 공공의 이익을 위해 인공지능 시스템을 도입하기 위한 점진적인 사회경제적 정책을 개발해야 한다. 셋째, 미래 세대를 위한 진보적인 교육과 인력 프로그램을 개발해야 한다. 넷째, 인공지능 시스템의 과학과 디자인을 발전시키기 위한 광범위한 학제간 연구에 장기적 관점에서 투자가 이루어져야 한다.

5장 「블록체인 P2P의 민주적 기술로서의 가능성」에서 철학자 윤영광은 블록체인 기술이 인터넷 초기의 탈중심적, 민주적 기술의 꿈을 다시 불러올 가능성을 타진한다. 현대 기술이 발전하면서 인류 전체의 삶이 더 나아질 것이라는 기대가 있었지만, 결국 권력과 자원의 집중은 기술의 영역에도 여전히 맹위를 떨치고 있다. 인터넷이 출현하면서 사람들이 기대했던 "분산적이고 평등하고 유연한 세상"은 결국 현실화되지 않았다. 오늘날의 인터넷은 소수의 인터넷 서비스 제공자가 실질적 영향력을 행사하는 중심화된 네트워크가 되고 말았다. 블록체인의 주창자들은 이 기술을 통해 소위 '인터넷의 귀환'이 가능할 것이라고 본다.

윤영광은 블록체인 기술을 비롯한 P2P 네트워크가 이미 상당 정도 작동하고 있는데도 불구하고 기존의 금융자본과 산업자본이 이를 완전히 개방적인 상태로 두기보다 종획(enclosure)하고 있다고 비판한다. 커먼즈(commons)의 개념은 이러한 상황을 극복하는 계기가 된다. 커먼즈는 "P2P적 관계에 기반한 공동체와 프로토콜을 통해 자원과 생산과 삶을 경영하기 위한 실천이자 원리"이다. 윤영광은 블록체인 커먼즈를 통해 기존의 권력으로부터 독립된 형태의 사회경제적 시스템을 구상하겠다는 여러 시도들을 소개한다.

물론 아직까지 블록체인 기술을 인공지능과 직접적으로 연결시키는 시도는 본격화되지 않았다. 그러나 인공지능이 작동하는 데 필요한 데이터베이스의 블랙박스적인 성격에 대한 문제 제기가 지속적으로 일어나고 있는 상황을 감안하면 그러한 연결이 곧 일어날 것임을 충분히 예상할 수 있다. 또한 블록체인 커먼즈의 논의가 기본적으로는 경제적인 영역에 관련되어 있기 때문에 인공지능이 편만하게 사용될 미래 사회와의 연관성을 생각하지 않을 수 없다. 따라서 블록체인의 정치적 함의에 대한 논의를 따라가는 것은 인공지능의 미래를 그리는 데 크게 도움이 될 것이다.

날씨가 변하는 것은 나의 바람과 무관하지만, 기술이 초래하는 미래는 날씨처럼 저절로 오지 않는다. 오늘을 사는 인간이 내일을 알 수 없으니 기술의 발전을 완전히 통제할 수는 없다 하더라도, 여전히 미래의 기술은 오늘의 기획이다. 인공지능 기술이 우리 삶의 면면을 획기적으로 바꾸는 임박한 현실에 면하여, 그 현실을 바람직하게 만들기 위한 절박한 노력이 요구된다. 이 책에서 시도한 고민과 숙고의 장에 독자들도 함께 하시길 기대한다.

2019년 7월
대표저자 손화철

1부

인공지능 기술의 이해

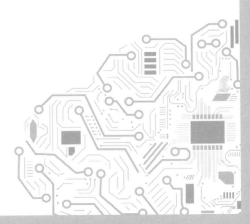

1장
거꾸로 보는 인공지능의 역사

박충식

1. 2019 거꾸로 보는 인공지능의 역사?

인공지능의 역사를 군이 알아야 할까? 과학의 역사가 전문적인 과학사가 아닌 다음에야 단순한 흥밋거리나 인문학적 호기심을 채우는 수준을 넘을 수 있을까? 과학은 인문사회학과 달리 거듭되는 확연한 발전상을 현재로 수렴하여 전진하기 때문에 과거를 돌아볼 필요가 없지 않은가? 과거의 과학은 틀린 것이고 옳은 것만 정리된 것이 현재의 과학이 아닌가? 몇천 년 전 인문사회학의 고전은 지금도 읽히고 중요하게 다루어지지만 과학 분야에는 그러한 고전이 있는가? 플라톤의 『국가』는 지금도 읽어야 하는 책이지만 뉴턴의 『프린키피아 피지카(*Principia Physica*)』를 지금도 읽는 사람은 거의 없다. 공학의 역사는 더더욱 그렇다. 현재의 자동차, TV, 휴대폰 등 수많은 공학들은 모든 과거 기술의 발전된 형태이므로 과거는 무의미하다. 처음 자동차를 만든 포드(Henry Ford)나 처음 전화기를 만든 벨(Alexander Graham Bell)은 이름이라도 기억되지만 처음 TV를 만들어 BBC로 방송한 베어드(John Logie Baird)는 이름조차 기억하는 사람이 없다. 공학의 결과물과 그의 수혜는 이론이 아니라 물건으로 존재하고 그 물건이 처음 나온 것이 아니라면 수많은 사람들과 다른 기술들에 의하여 끊임없이 발전하여 그 귀속점을 찾기도 어렵기 때문이다.

인공지능은 공학이기도 하고 과학이기도 하고 인문사회학이기도 하다. 과학 없는 공학이 있을 수 없고 대상에 대한 공부 없이 해당 분야의 공학은 있을 수 없기 때문이다. 과학이 사실에 대한 탐구이고 인문사회학이 인간에 대한 탐구라면 인공지능은 인간 자체에 대한 공학이다. 그것도 주로는 인간 정신에 대한 공학인 것이다.

현재 인공지능 기술의 모든 것이 딥러닝(Deep Learning) 기술로 대변되고 세상이 열광하고 있지만 인공지능이 마지막 기술일지는 몰라도 딥러닝 기술이 인공지능 기술의 전부가 아닐뿐더러 인공지능의 마지막 기술도 아니다. 딥러닝 기술은 아무런 자금 지원도 없는 어둠 속에서 과거의 신경망을 가지고 오랫동안 고군분투하던 연구자들에 의하여 이루어진 최근의 성과이다.

과학에도 인문사회학에도 유행은 있다. 과학의 유행은 회고적이지 않지만 인문사회학은 상당히 회고적이다. 인공지능은 과학적으로는 회고적이지 않은 공학이지만 인문사회학적으로는 회고적인 공학이다. 인공지능은 주로 인간의 정신을 대상으로 하기

때문이다. 가령 철학에서 칸트가 중요하지만 전부가 아니듯이 딥
러닝이 중요하지만 전부는 아니다. 칸트는 아직도 유효하지만 딥
러닝 기술이 그 이름으로 계속 유효할지는 아직 알 수 없다. 왜냐
하면 딥러닝 기술도 인공신경망(Arificial Neural Networks) 기술의
연장선에 있는 한 갈래의 기술이기 때문이다. 많은 인공지능 연구
자들은 딥러닝 기술이 지금도 놀라운 성과를 보이고 있고 앞으로
도 상당 기간 성과를 내겠지만 아직은 인간과 차이가 큰 만큼 인
공지능을 완성할 기술이라고 생각하지는 않는다. 요즘은 인공지
능 연구에서 딥러닝 기술이 유행하고 있지만 딥러닝 기술이 놓치
고 있는 부분에 대한 다른 많은 연구가 지난 세월 딥러닝 기술 연
구처럼 현재까지도 지속적으로 이루어지고 있다. 그러므로 인공지
능의 역사는 신중하게 되돌아볼 이유가 충분하다.

역사는 항상 특정 시점에서 쓰여질 수밖에 없다는 점에서 항
상 "거꾸로 보는" 역사이지만 나는 이 글의 제목을 인공지능의 역
사를 이루는 여러 중요한 사건들을 (유행하는) 딥러닝 기술에 견주
어 살펴본다는 의미에서 '거꾸로 보는 인공지능의 역사'라고 했다.

인공지능이 인간처럼 지능적인 컴퓨터를 만들려는 컴퓨터 과
학의 한 분야로 정의되지만 당연하게도 컴퓨터 과학, 인지과학,
뇌과학, 심리학, 수학, 언어학 등 매우 다양한 분야와 무관할 수
없다. 하지만 이 글에서는 인공지능 기술과 직접적인 사건만을 다
루려고 한다. 한 가지 더 언급할 사항은 로봇이 인공지능과 밀접
한 관계에 있지만 인공지능 자체는 아니며 로봇의 머리, 즉 소프
트웨어적인 부분만을 인공지능으로 간주한다는 점이다. 따라서

그림 1-1 **인공지능의 역사**

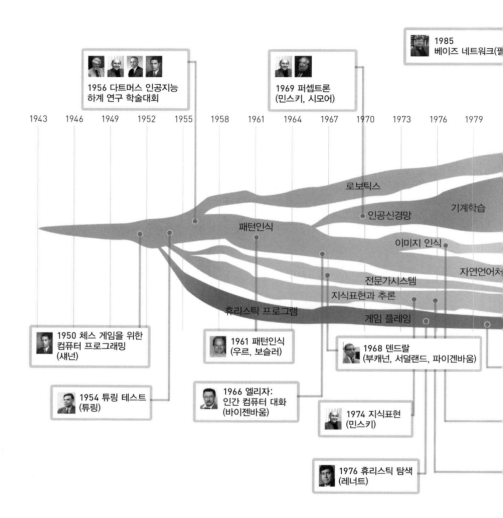

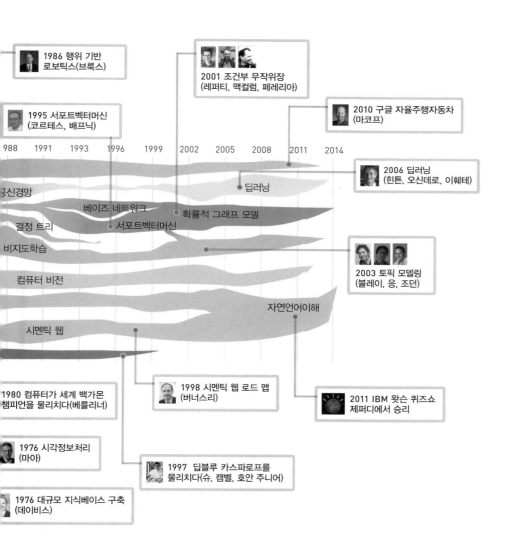

1986 행위 기반
로보틱스(브룩스)

2001 조건부 무작위장
(레퍼티, 맥컬럼, 페레리아)

2010 구글 자율주행자동차
(마코프)

1995 서포트벡터머신
(코르테스, 배프닉)

988   1991   1993   1996   1999   2002   2005   2008   2011   2014

2006 딥러닝
(힌튼, 오신데로, 이훼테)

딥러닝

공신경망

베이즈 네트워크

확률적 그래프 모델

결정 트리   서포트벡터머신

비지도학습

2003 토픽 모델링
(블레이, 응, 조던)

컴퓨터 비전

자연언어이해

시멘틱 웹

1980 컴퓨터가 세계 백가몬
챔피언을 물리치다(베를리너)

1998 시멘틱 웹 로드 맵
(버너스리)

2011 IBM 왓슨 퀴즈쇼
제퍼디에서 승리

1976 시각정보처리
(마아)

1997 딥블루 카스파로프를
물리치다(슈, 캠벨, 호안 주니어)

1976 대규모 지식베이스 구축
(데이비스)

이 글에서는 로봇의 지능적인 부분만을 다룰 것이다. 어느 누가 인공지능과 관련된 사건들을 선택한다고 해도 중요 사건은 비슷하겠지만 이 글에서는 연구자 대상의 소셜네트워크 검색 서비스 에이마이너(aminer)에 실린 그림인 인공지능의 역사(https://aminer. org/ai-history, 〈그림 1-1〉)를 사용할 것이다.

에이마이너 인공지능의 역사 그림의 장점은 인공지능의 기술 분화가 진화계통도처럼 제시되고 인공지능의 주요 문헌들과 사건들의 핵심 연구자가 정리되어 있다는 점이다. 이어지는 글에서 해당 사건이나 문헌을 하나씩 살펴보자.

2. 인공지능의 연대기(중요 문헌들과 사건들)

1950 체스 게임을 위한 컴퓨터 프로그래밍(섀넌)

Shannon Claude E., "XXII. Programming a computer for playing chess," *Philosophical magazine*, 41(314)(1950), pp.256-275.

체스 게임을 위한 컴퓨터 프로그램은 놀랍게도 정보의 양을 측정할 수 있는 정보 엔트로피 이론을 제시한 섀넌에 의하여, 1946년 공개된 최초의 컴퓨터로 알려져 있는 에니악(ENIAC) 출시 3년 후에(실제로 최초의 컴퓨터는 2차 대전 당시 독일군 암호를 풀기 위하여 만들어진 콜로서스이다), 그리고 인공지능 연구의 원년으로 가늠

되는 1956년 다트머스 인공지능 학술대회 7년 전에 학술지 논문으로 접수되었다. 지금도 인터넷으로 쉽게 구해서 읽어볼 수 있는 이 논문의 아이디어는 체스 판의 상태를 평가하여 수많은 경우의 수 중에서 승리할 수 있는 다음 수를 찾는, 현재 인공지능 기술에서는 탐색(search)이라고 부르는 것이다.

결국은 최초 인간 체스 세계챔피언(카스파로프)을 상대로 승리한 IBM의 딥블루도 이러한 탐색 기술이 개선되고, 섀넌 시대의 컴퓨터와는 비교할 수도 없는 엄청난 컴퓨터 처리속도와, 심지어 체스 판을 빠르게 평가하기 위하여 특별히 설계된 반도체 칩으로 무장했지만 탐색 기술이 그 핵심이었다. 몇 해 전 인간 바둑 세계챔피언(이세돌)을 상대로 승리한 구글 딥마인드의 알파고도 딥러닝 기계학습(machine learning) 기술과 GPU 병렬컴퓨터 기술을 사용했지만 기본은 역시 탐색 기술이었다. 달라진 점은 바둑판을 평가하여 승리할 수 있는 다음의 수를 인간이 작성한 프로그램이 하는 것이 아니고 지난 바둑 경기의 수많은 사례들로부터 학습하는 딥러닝 기계학습 기술을 사용한 것이다. 이렇게 승리한 알파고를 수많은 바둑 경기 사례들의 학습 없이 스스로 학습하여 패배시킨 알파고 제로도 역시 탐색 기술을 사용했다. 물론 바둑 경기의 사례를 사용하든 하지 않든 사용된 '탐색'이 무엇을 탐색하는지, 어떻게 탐색하는 것인지에 대한 정의는 사람에 의하여 프로그램된 것이다.

인공지능은 컴퓨터의 역사 초기부터 시작을 같이했고 현재까지 놀라운 발전을 이루었지만 아직도 초기의 아이디어들이 현재의 인공지능 기술 속에도 증기기관처럼 사라진 것이 아니라 바퀴처럼 남아 있는 것이다.

1954 튜링 테스트(튜링)

Turing, Alan M., "Solvable and unsolvable problems," *Science News 31*(January, 1954).

튜링 테스트는 누구나 알고 있듯이 기계가 인간과 얼마나 비슷하게 대화할 수 있는지를 기준으로 기계의 지능 여부를 판별하고자 고안된 방법이다. 튜링은 "컴퓨터로부터의 반응을 인간과 구별할 수 없다면 컴퓨터는 생각(사고, thinking)할 수 있는 것"이라고 주장했다. 만일 지성 있는 사람이 관찰하여 기계가 진짜 인간처럼 보이게 하는 데 성공한다면 확실히 그것은 지능적이라고 간주해야 한다는 주장이다. 1990년에 휴 뢰브너(Hugh Loebner)는 케임브리지 행동 연구 센터(The Cambridge Center for Behavioral Studies)와 공동으로 튜링 테스트를 실시하는 대회와 뢰브너 상을 만들었다. 글만으로 이루어지는 튜링 테스트를 통과하는 챗봇(ChatBot, 채팅 로봇)에게 2만 5,000달러가 주어질 것이지만 아직이 상금을 받아 간 챗봇은 없었고, 사람과 가장 비슷하다고 판단된 챗봇에게 매년 2만 달러가 지급되어왔다. 2017년에도 어김없이 미츠쿠(Mitsuku)라는 챗봇에게 상금이 지급되었다. 시각적·청각적 정보, 암호 해독, 글을 이해하는 것 들을 포함하여 종합적 튜링 테스트를 통과하는 첫 번째 챗봇에게 10만 달러가 주어질 것이다. 아직은 튜링 테스트를 통과한 기계는 없는 셈이다.

2014년 영국의 레딩대 워릭(Warwick) 교수는 러시아 상트페테르부르크대 연구팀이 개발한 유진 구스트만 챗봇이 튜링 테스트를 통과했다고 발표했고, 커즈와일 등이 이에 반박하는 등의 '소란'이 있었다. 결국 누가 보아도 소란인 것으로 마무리되었다. 이후에 애플 시리(Siri)나 아마존 에코(Echo), 그리고 물의를 일으키고 하루 만에 중단된 마이크로소프트 테이(Tay) 등도 유사한 채팅 서비스이지만 튜링 테스트를 통과해서 기계가 인간과 같은 지능을 가졌다는 논란이 일지는 않는다. 물론 실험 환경에서의 튜링 테스트는 누구나 보편적으로 인정할 수 있는 테스트는 아닐 수 있다. 실제 환경에서 튜링 테스트를 통과하여 누구나 인정하는 기계가 등장하기에는 좀 더 시간이 필요할 듯하다. 만약 그러한 기계가 등장하더라도 근본적으로 사람을 속이는 모방 게임(imitation game)이기 때문에 인간과 같은 지능을 가진 것으로 볼 수 있는지는 또 다른 문제이다.

바둑 세계 챔피언을 물리친 딥러닝 인공지능 기계에게 지능이 있다고 해야 할까? 좁은 특정 영역의 지능도 지능이라고 해야 할까? 인공지능이 인간과 같은 지능을 가진 기계를 만드는 것이라는 이상한 정의만큼이나 튜링 테스트는 지능을 가진 기계로 간주되기 위한 이상한 테스트일 수 있다. 앞으로 공학적 인공지능이라는 면에서는 특정한 분야에서 인간의 능력을 능가하는 기계들이 많이 등장하겠지만 튜링 테스트는 그때에도 현재에도 앞으로도 많은 숙고가 필요하다.

1956 다트머스 인공지능 하계 연구 학술대회

McCathy J. et al., "Dartmouth Conference," Dartmouth Summer Research Conference of Artificial Intelligence(1956).

다트머스 인공지능 하계 연구 학술대회는 당시 다트머스 대학에 있던 맥카시의 주도로 거의 8주간 진행되었던 브레인스토밍 모임이었다. 다트머스 학술대회에는 기호적 인공지능, 정보이론, 신경망, 유전자 알고리즘, 사이버네틱스 등 여러 분야에서, 이후 시도되었던 각종 인공지능 이론과 기술을 개발한 민스키, 사이먼, 뉴웰, 섀넌, 맥컬러치, 젤프리지, 홀랜드, 애쉬비, 심지어 게임이론의 경제학자 내시까지 참여했다. 이 모임을 통하여 그러한 연구 분야는 인공지능이라는 이름을 얻게 되었고 1956년은 인공지능 연구의 원년으로 간주되었다.

이후로 다양한 형태와 다양한 주제의 인공지능 모임이 전 세계적으로 많이 만들어졌지만 지금은 그 어느 때보다 인공지능 모임이 활발히 이루어지고 있다. 인공지능의 연구영역도 크게 확대되어 인공지능을 포함한 인지과학이라는 좀 더 근본적이고 학제적인 연구와 비즈니스와 연결된 실용적인 연구가 병행되고 있다. 더구나 인공지능이 점차 실세계에 대한 영향이 가시적으로 보이는 상황에서 인공지능과 인간이 공존해야 하는 미래를 위하여 일자리 문제, 인공지능 기계의 지위 문제, 인공지능으로 강화된 인간의 문제 등을 포함하여 인공지능의 인문사회학적 논의가 이루어지고 있다.

이제 인공지능에 대한 연구는 좀 더 심각한 인간에 대한 연구가 되었고 서로 다른 분야에 대한 관심과 협력이 그 어느 때보다 절실하다.

1961 패턴인식(우르, 보슬러)

Uhr, Leonard and Charles Vossler, "A pattern recognition program that generates, evaluates, and adjusts its own oprerators," Papers presented at the western joint IRE-AIEE-ACM computer conference, May 9-11(1961).

알파고 제로가 어떤 학습 데이터도 없이 스스로 바둑을 배워서 무적의 바둑기사 기계가 되고 바둑의 신으로 알려졌다. 그러나 적어도 바둑이라는 게임이 무엇인지는 사람에 의하여 프로그램된 것이다. 1961년 발표된 이 논문은 어떤 입력도 없이 어떤 입력을 위한 처리 프로그램도 없이 기계가 스스로 학습하는 시도를 보여주었다. 탐색 방법은 주어진 문제를 다양한 변수를 가진 하나의 상태로 정의하고 이 상태에 변화를 줄 수 있는 다양한 연산자(operator)를 통하여 가능한 상태들을 평가하여 목적을 이룰 수 있도록 연산자를 적용해나가는 것이다. 연산자에 의하여 생겨날 수 있는 모든 가능한 상태들을 '문제 공간(problem space)'이라고

한다. 이 논문의 요약문은 이렇게 적고 있다.

…… 프로그램은 입력이 될 어떤 특정한 패턴에 대한 어떤 지식도 없고 입력들을 처리할 어떤 연산자도 없이 시작한다. 연산자는 프로그램(문제) 공간과 그 프로그램(문제) 공간을 처리할 때 성공과 실패의 함수인 프로그램에 의하여 생성되고 정제된다. ……

여기서 '패턴(pattern)'이라는 용어는 "자연 속에서나 인간이 만든 것에서 알아차릴 수 있는 규칙성"이라는 의미로 정의할 수 있을 것이다. 그리고 인공지능이나 인지과학에서 패턴인식(pattern recognition)은 "그림, 음원, 글 등의 각종 선형 및 비선형 데이터 안에서 특정한 규칙성을 찾는 것"이다. 따라서 패턴인식은 사진 인식, 음성인식, 문장 분석, 기후 예측, 의료 진단, 주식 예측 등 모든 것을 대상으로 한다. 결국 패턴인식은 세상에 대한 규칙, 그 규칙들의 집합인 세상에 대한 모델, 즉 지식을 찾는 것이다. 알파고 제로는 바둑을 대상으로 50년 전과 비교할 수도 없을 만큼 향상된 컴퓨터의 성능을 이용하여 딥러닝이라는 기계학습 기술로 이러한 아이디어를 구현했다.

1966 엘리자: 인간 컴퓨터 대화(바이젠바움)

Weizenbaum, Joseph, "ELIZA—a computer program for the study
of natural language communication between man and machine,"
Communications of the ACM, 9(1)(1966), pp.36-45.

인공지능 전공자 입장에서 보면 사람과 대화하는 인공지능 프로그램으로서 엘리자(또는 일라이자)가 거론될 때처럼 당황스러운 경우가 없다. 엘리자는 단어의 의미나 문장 분석 등에 문법이 적용되지 않고 의미 파악도 전혀 없이 단순히 어떤 문장이 들어오면 그 문장의 일부를 파악하여 해당 문장을 기반으로 미리 정의된 문장 형태를 내보내는 전형적인 장난감 프로그램이기 때문이다.

하지만 놀랍게도 많은 사람들이 엘리자와의 대화에서 정말 사람과 대화하는 것인 양 착각하는 일이 벌어졌다. 엘리자를 개발한 바이젠바움은 학생들이 엘리자에 빠져드는 상황에 놀라워하면서 연구를 중단했다는 후일담도 전한다. 이러한 현상은 엘리자가 의미를 이해하는 뛰어난 자연언어처리(Natural Language Processing) 기술을 구축한 인공지능 프로그램이라기보다는 스스로 의미를 만들어내고 과도하게 감정을 이입하는 인간의 선천적 성향으로 인한 것이다. 그리고 엘리자가 가상의 정신상담가의 역할로 만들어졌다는 점도 한몫했다. 사람들은 엘리자와의 대화에서 치유받는 느낌이 들었던 것이다.

현재 애플 시리, 마이크로소프트 코타나, 구글 알로, 페이스북 챗봇, IBM 챗봇, 삼성 빅스비, 네이버 챗봇 등 다양한 챗봇이 있다. 이러한 회사들이 자사의 기술을 이용하여 챗봇을 만드는 프로그램을 공개하고 있지만 챗봇의 모든 대화들을 미리 예상하여 일일이 만들어야 하기 때문에 제작 과정은 결코 지능적이지 않다.

1968 덴드랄(부캐넌, 서덜랜드, 파이겐바움)

Buchanan, Bruce G., Georgia L. Sutherland, and E. A. Feigenbaum. "Heuristic DENDRAL: A Program for Generating Explanatory Hypotheses in Organic Chemistry," Chapter 12 in Volume 4 of *Machine Intelligence*, edited by B. Meltzer and D. Michie(Edinburgh University Press, 1969), pp.209-254.

덴드랄(DENDRAL)은 질량분석기의 결과와 화학 지식을 가지고 알려지지 않은 분자구조를 알아내는 유기 화학자를 보조하는 전문가시스템(Expert System)이다. 전문가시스템 또는 지식기반시스템(Knowledge-Based System)이라고 불리는 인공지능 프로그램은 전문적인 지식을 처리하는 프로그램이기는 하지만 인간의 일반적인 지능을 모두 갖추고 전문가 수준의 지식을 처리하는 것이 아니다. 전문가의 지식이 일반적인 지능의 처리보다 해당 분야의 지식을 주로 IF-THEN 규칙으로 표현할 수 있고 그 실제적 응용이 기대되었기 때문에 이러한 시스템이 활발히 연구되었으며 인공지능 역사의 전반에 걸쳐 지속되었다. 덴드랄 이후로 의료, 컴퓨터 장비 관리, 지질 탐사 등 수많은 분야에서 전문가시스템이 만들어졌다.

탐색 이론적 측면에서 전문가시스템을 생각해보면 해당 문제를 해결할 수 있는 전문가의 경험이 탐색을 효과적으로 할 수 있도록 돕는 것이다. 이러한 전문가의 지식을 전문가시스템의 지식으로 만드는 작업을 '지식공학(knowledge engineering)'이라고 한다. 하지만 전문가로부터 지식을 얻어서 프로그램으로 만드는 '지식 획득(knowledge acquisition)'이라는 과정이 병목현상(bottleneck)으로 작용하여 기대했던 것만큼 성과를 올리지 못했다. 덴드랄은 이러한 문제를 해결하기 위하여 기존의 덴드랄을 휴리스틱 덴드랄(heuristic DENDRAL)이라 하고 휴리스틱 규칙을 스스로 학습하기 위한 덴드랄의 학습 프로그램으로서 메타덴드랄이라는 프로그램을 개발했다. 앞서 살펴본 패턴인식(우르, 보슬러)과 같은 방식을 시도한 것이다. 특정한 문제에 대한 가능한 해결책들을 생성하고 이에 대하여 검증하는 방식을 사용하였는데 덴드랄의 경우 가능한 해결책의 가짓수가 많지 않을 때만 작동했다. 제퍼디 퀴즈 게임에서 우승한 IBM 왓슨은 그 유명한 딥러닝 기계학습이 아니라 이러한 가정 기반 문제 해결 방식을 사용했다. 기호적 인공지능의 전형적인 분야로서 전문가시스템은 이러한 지식 획득의 문제 때문에 모든 지식을 일일이 넣어주어야 한다는 오해를 낳기도 했지만 기호적 인공지능도 다양한 기계학습을 연구해왔고 사용할 수도 있다. 기호적 인공지능에서 개발된 다양한 기계학습 방법은 지금도 빅데이터에서는 중요한 기계학습 방법으로 사용되고 있다. 딥러닝 기계학습이 이러한 분야에서 잘 적용되기 위해서는 좀 더 많은 학습 데이터와 모델링 방법이 있어야 할 것이다.

전문가의 지식을 획득하여 프로그램화하는 것은 원래 비즈니스 영역의 컴퓨터 프로그램이 담당한다. 단지 현재의 비즈니스 프로그램들은 비교적 단순한 절차의 데이터 처리를 한다. 향후의 비즈니스 프로그램은 인공지능 기술을 사용하여 좀 더 복잡한 또는 그래서 좀 더 지능적이라고 할 수 있는 절차를 처리하는 프로그램이라고 할 수 있다. 현재 기존의 전문가시스템(지식공학) 기술은 비즈니스 룰 관리 시스템(Business Rule Management System, BRMS)이라는 이름으로 전문가의 지식을 프로그래밍 언어의 코드가 아니고 규칙(룰)으로 구성하여 비즈니스 프로그램을 개발하는 방식으로 정착되었다.

1969 퍼셉트론(민스키, 시모어)

Minsky, Marvin and Papert Seymour, *Perceptrons: an introduction to computational geometry*(MIT Press, 1969).

최초의 인공신경망 개념은 1943년 맥컬러치와 피츠에 의하여 제안되었고 퍼셉트론은 1957년 프랭크 로젠블랫(Frank Rosenblatt)이 제안한 좀 더 실제적인 인공신경망이다. 발표 당시만 하더라도 현재 딥러닝 기술만큼이나 주목을 받았으나 기호처리 인공지능 연구자라고 할 수 있는 민스키와 시모어가 쓴 『퍼셉트론』이 출간되면서 인공신경망에 대한 지원과 관심이 급속히 사라져서 또 다른 인공지능 신경망 모델(다층퍼셉트론과 역전파 알고리즘)이 나오는 1986년까지 인공신경망 연구의 암흑기를 맞이하게 된다. 그

동명의 책은 퍼셉트론의 문제점(Exclusive OR: 문제 해결의 불가능성)을 설득력 있게 밝히는 책이었기 때문이다. 지금 생각해보면 해결책은 간단했다. 두 개의 층으로 된 퍼셉트론 가운데 하나의 층(은닉층)을 더 추가하고 이를 학습할 수 있는 간단한 방법을 고안하면 되었다. 그러나 이러한 아이디어가 나오기까지 다시 17년이라는 시간이 필요했다. 이렇게 2개의 층으로 된 인공신경망에 여러 개의 층을 추가하는 방법은 다양한 분야에서 응용을 시도했으나 층이 늘어날수록 학습하는 것이 어려워져서(Vanishing Gradient Problem) 1995년 더 나은 성능을 보여주는 서포트벡터머신(Support Vector Machine, SVM)이 등장했다. 그래서 인공신경망 연구는 다시 인공지능 학계에서 다시 밀려나게 되었다. 그 후로 인공신경망 기술은 2006년 인공신경망에 여러 층을 쌓더라도 학습할 수 있는 방법과 그 대가로 많은 양의 학습 데이터와 많은 컴퓨터 능력을 필요로 하는 소위 딥러닝 기술의 등장을 기다리게 된다.

1974 지식표현(민스키)

Minsky, M., "A framework for representing Knowledge," AI Memos AIM-306, Standford University, Artificial Intelligence Laboratory, Stanford, CA, 1974.

기호적 인공지능에서 주로 연구되어온 것이 지식표현(또는 지식표상)과 추론이다. 인간의 지능에서 신경세포로 이루어진 두뇌가 중요한 기관이라는 것은 재론의 여지가 없다. 인간이 외부 환경의 많은 정보를 기억하고 그 정보를 토대로 판단하고 행동을 하기 위해서는 어떤 식으로든지 이러한 정보가 표현되고 처리되어야 할 것이다. 이것을 내부 표현(internal representation)이라고 한다. 아마도 이 표현의 물리적 구조는 신경생물학적으로는 신경세포들로 이루어져 있을 것이다. 인공신경망은 이 같은 아이디어를 기반으로 한다. 하지만 두뇌의 신경세포들은 덩어리로 모여서 특정한 기능을 하는 '모듈(module)'로 되어 있고 이러한 모듈들은 상당 부분 기호를 처리하여 지능적인 기능을 수행한다. 그러므로 기호적 인공지능은 인간 두뇌의 지능 전체가 인공신경망의 단순한 학습 방법으로는 만들어질 수 없을 것으로 여겨진다. 기호적 인공지능은 이러한 기호처리를 기능적인 수준에서 표현하고 처리할 수 있는 방법을 모색하여 기호적 수준에서 프로그래밍 가능하도록 IF-THEN 규칙으로 된 생성규칙(production rule)이나 논리(logic), 또는 의미망(sematic network)과 같은 지식표현 방법과 처리를 정형화한 것이다. 민스키는 이 논문에서 프레임(frame)이라는 전형적 상황을 표현한 자료 구조를 기반으로 컴퓨터 비전, 자연언어이해(Natural Language Understanding) 등에 적용하는 방안을 고안했다. 당연히 이러한 구조에서 주어진 상황에 적절한 프레임을 찾는 것은 휴리스틱 탐색이 사용되고 이 같은 구조는 학습에 의하여 새롭게 만들어질 수도 변경될 수도 있다.

1976 휴리스틱 탐색(레너트)

Lenat, D. B., *AM: An artificial interlligence approach to discovery in mathematics as heuristic search*, Doctoral Dissertation(Stanford University. CA. Dept. of Computer Science, 1976).

인공수학자(Automated Mathematician)의 약자인 AM은 그 이름대로 수학 문제를 풀 때 수학자의 경험을 기반으로 확장되거나 변경되어야 하는 프로그램들을 선택하는 휴리스틱들을 정교화했다. 레너트는 AM이 "2보다 큰 모든 짝수는 소수(Prime number) 두 개의 합으로 표시할 수 있다"는 '골드바흐의 추측(Goldbach's conjecture)'과 "모든 양의 정수는 유일한 소인수 분해를 갖는다"는 '산술의 기본 정리(fundamental theorem of arithmetic)'를 재발견했다고 주장했다.

1976 시각정보처리(마아)

Marr, D., "Early processing of visual information," *Phil. Trans. R. Soc. Lond. B*, 275(942)(1976), pp.483-519.

35살에 백혈병으로 사망하여 인공지능 학계에서 요절한 천재로 통하는 마아는 심리학, 인공지능, 신경생리학의 성과들을 시각의 새로운 모델로 통합했다. 그의 연구는 계산적 신경과학(Computational Neuroscience)에 큰 영향을 주었다. 마아는 3개의

서로 다른 보완적 분석의 시각이 정보처리시스템으로 이해되어야 한다는 아이디어를 제시했다. 이 아이디어를 인지과학에서는 '마아의 3단계 가설(Marr's Tri-Level Hypothesis)'이라고 한다. 계산적 단계는 '시스템이 무엇을 하는가?', 알고리즘/표현 단계는 '시스템이 그 무엇을 어떻게 표현하고 처리하는가?', 구현/물리적 단계는 '시스템이 표현하고 처리하는 것을 어떻게 물리적으로 구현하는가?' 이다.

　　마아는 시각 처리는 기호적 인공지능에 앞서 시각기관 자체에 대한 이해에서 비롯해야 한다고 보고 3단계 가설에 기반하여 물리적 시각기관에서부터 추상적인 기호적 인공지능을 포괄하는 모델을 제시했다. 인공지능 연구에서 단순히 추상적인 정보처리만이 아니라 지능이 존재하는 물리적인 생물의 몸 자체에 대한 중요성을 보여주었다. 이러한 관점이 이후 브룩스의 행위 기반 로보틱스 연구와 공유되는 인지과학의 '체화된 마음(embodied mind)' 이론이 된다.

1976 대규모 지식베이스 구축(데이비스)

Davis, R., Applications of meta level knowledge to the construction maintenance and use of large knowledge beses, Tech. Rept. Memo AIM-283, Standford University, Artificial Intelligence Laboratory, Stanford, CA, 1976.

　　전문가시스템 내부에 저장된 지식들이 모여 있는 저장 공간을 지식베이스(knowledge base)라고 하는데 실용적인 결과에 대한 기대 속에서 다양하고 많은 전문가시스템들이 만들어지면서 지식베이스에도 수천에서 수만 개의 IF-THEN 규칙들이 쌓이게 되었다. 이러한 지식들을 관리해야 할 실용적인 목적으로 지식에 대한 지식, 즉 메타 수준의 지식에 대한 연구가 이루어졌다.

이러한 메타 수준의 지식은 현재 보유하고 있는 지식들이 서로 모순되는지, 포함하는지, 순환구조를 갖는지, 추가 또는 삭제되는 지식들이 어떤 문제를 일으키는지 등에 대한 관리에 사용되었다. 그 외에도 지식들을 종류별로 덩어리지어 지식의 사용을 가이드하거나 해당 분야의 전문가와 대화를 통하여 전문가의 지식들을 지식베이스화하는 기능도 수행했다.

1980 컴퓨터가 세계 백가몬 챔피언을 물리치다
(베를리너)

Berliner H. J., "Backgammon computer program beats world champion," *Artificial Intelligence*, 14(2)(1980), pp.209-220.

백가몬은 우리나라의 윷놀이와 비슷한 서양의 보드게임이다. 사람이 만든 기계에 의하여 지능적인 활동으로 이해되는 게임의 인간 세계 챔피언을 상대로 처음 승리했다는 점에서 의미 있는 사건이었다. 백가몬 게임 컴퓨터 프로그램은 여러 아이디어가 반영된 다항식 평가 함수를 사용했다.

1985 베이즈 네트워크(펄)

Pearl, J., "Bayesian Networks: A Model of Self-Activated Memory for Evidential Reasoning"(UCLA Technical Report CSD-850017), *Proceedings of the 7th Conference of the Cognitive Science Society*, University of California Irvine, CA., 1985, pp.329-334.

　　베이즈 네트워크는 변수들의 집합과 변수들의 조건부 관계를 나타내는 확률을 가진 그래프 모델이다. 베이즈 네트워크에서 사용되는 베이즈 정리(Bayes' theorem)는 두 확률 변수의 사전 확률과 사후 확률 사이의 관계를 나타내는 정리이다. 베이즈 정리는 불확실성 아래서 의사결정문제를 수학적으로 다룰 때 중요하게 이용된다. 확률이 전통적으로 연역적 추론에 기반을 두고 있다면 베이즈 정리는 귀납적, 경험적 추론을 사용한다. 예를 들면 베이즈 네트워크가 질병과 증상 사이의 확률적 관계를 표현할 수 있기 때문에 증상이 주어지면 다양한 질병의 유무에 관한 확률이 나온다. 한편 베이즈 네트워크에서는 추론과 학습을 수행하기 위한 효과적인 알고리즘이 존재한다. 베이즈 네트워크는 인공지능 학습에서 지금도 빈번히 사용되고 있으며 딥러닝에서도 불확실성 처리를 위하여 베이즈 신경망이 개발되고 있다.

1986 행위 기반 로보틱스(브룩스)

Brooks, R. A., "robust layered control system for a mobile robot," *IEEE Journal on Robotics and Automation*, 2(1)(1986), pp.14-23.

로봇의 아버지라고 불리는 MIT 인공지능 연구소의 소장이었고 지금은 리씽크로보틱스의 회장인 로드니 브룩스는 인공지능 연구에 대한 새로운 관점을 도입했다. 몸에 대한 새로운 관점이 철학이나 인문학에 새로운 통찰을 주었듯이 인공지능 연구에 몸에 대한 관점을 도입한 것이다. 그것은 한때 인공두뇌학이라고 불리던 사이버네틱스와 제어이론으로서 단순히 기계적 움직임만을 다루던 로봇공학을 기반으로 한 인공지능에 대한 새로운 관점이었다. 브룩스는 실제 지능을 보여주려면 기계에도 몸이 필요하다고 생각했다. 기계 또한 이 세상에서 인식하고, 이동하고, 살아남고 거래할 줄 알아야 하며 지능은 바닥에서부터 만들어져야 한다는 것이다. 브룩스는 실제 로봇을 위한 지능은 행위에 기반을 두어야 하기 때문에 기호적 인공지능도 인공신경망도 거부하고 아주 실제적인 로봇을 만들어냈으며 학교를 떠나 산업용 로봇 회사를 창업하게 되었다. 이러한 인지과학적 관점이 전술한 바와 같이 마아의 시각정보처리 연구와 공유되는 '체화된 마음' 이론이다.

1995 서포트벡터머신(코르테스, 배프닉)

Cortes, Corinna and Vapnik Vladimir N., "Support-Vector Networks," *Machine Learning*, 20(3)(1995), pp.273–297.

서포트벡터머신은 기계학습 분야 중 하나로 패턴인식, 자료 분석을 위한 지도학습 모델이며, 주로 분류와 회귀 분석을 위해 사용한다. 다층퍼셉트론과 역전파 알고리즘이 제대로 충분한 성능을 내지 못하고 딥러닝 기술이 나오기 전까지 다양한 분야의 인공지능 응용 분야에 많이 이용되었다.

1997 딥블루 카스파로프를 물리치다(슈, 캠벨, 호안 주니어)

Hsu, Feng-hsiung, Murray S. Campbell, and A. Joseph Hoane Jr., "Deep Blue system overview," Proceedings of the 9th international conference on Supercomputing. ACM, pp.240–244.

딥블루(Deep Blue)는 체스 게임 용도로 IBM이 만든 컴퓨터이다. 딥블루는 세계 체스 챔피언 가리 카스파로프(Garry Kasparov)를 시간 제한이 있는 정식 체스 토너먼트에서 꺾은 최초의 컴퓨터가 되었다.

딥블루는 가능한 모든 경우를 조사하여 다음 수를 결정하기 때문에 엄청난 병렬처리 능력이 필요하다. 딥블루는 30개의 노드로 구성된 RS/6000 SP 기반 컴퓨터이고 특별히 설계한 480개의

VLSI 체스 칩이 달려 있었다. 체스 경기 프로그램은 C언어로 만들었고 AIX 운영 체제에서 실행했다. 1초당 2억 개의 위치를 계산할 수 있었다.

1998 시멘틱 웹 로드 맵(버너스리)

Berners-Lee, Tim, Semantic Web Road map(1998). http://www.w3.org/DesignIssues/Semantic.html

---

시맨틱 웹(Semantic Web)은 '의미론적인 웹'이라는 뜻으로, 현재의 인터넷과 같은 분산 환경에서 리소스(웹 문서, 각종 파일, 서비스 등)에 대한 정보와 자원 사이의 관계-의미 정보를 컴퓨터가 처리할 수 있는 온톨로지(ontology) 형태로 표현하고, 이를 컴퓨터가 처리하도록 하는 기술로서 웹의 창시자인 팀 버너스리가 제안했다. 철학에서는 '존재론'이라는 의미를 지닌 온톨로지라는 말이 컴퓨터 업계에 많이 회자되면서 난해한 뜻으로 오해되는 경우도 있었지만 시맨틱 웹에서는 용어의 속성들과 용어들의 관계를 의미할 뿐이다. 시맨틱 웹은 기호적 인공지능의 지식표현과 추론이 인터넷상으로 옮겨온 것이라고 할 수 있다.

기존의 웹페이지들은 사람이 직접 읽고 이해할 수 있는 형태이기 때문에 컴퓨터로 자동화할 수 없다. 인공지능은 사람처럼 자연언어로 웹페이지를 읽을 수 없는 것이다. 시맨틱 웹은 기존 웹을 확장하여 컴퓨터가 이해할 수 있는 잘 정의된 의미를 기반으로

의미적 상호운용성(semantic interoperability)을 실현하여, 컴퓨터로
하여금 다양한 정보 자원의 처리 자동화, 데이터의 통합 및 재사
용 등을 수행하도록 함으로써, 인간과 컴퓨터 모두 잘 이해할 수
있는 웹을 목표로 한다. 이러한 시맨틱 웹은 온톨로지의 의미적
상호 운용성을 기반으로 인터넷의 분산 정보 자원을 의미적으로
통합한 거대한 지식베이스가 되는 것이다.

2001 조건부 무작위장(레퍼티, 맥컬럼, 페레리아)

Lafferty, John D., Andrew McCallum and Fernando C. N. Pereira, *ICML '01 Proceedings of the Eighteenth International Conference on Machine Learning*, pp.282-289, June 28-July 01, 2001.

조건부 무작위장(conditional random field)이란 통계적 모델링
방법 중에 하나로, 패턴인식과 기계학습과 같은 구조적 예측에 사
용된다. 조건부 무작위장은 일반적인 분류 프로그램과 달리 이웃
하는 샘플을 고려하여 예측한다. 이러한 조건부 무작위장의 특성
때문에 부분구문 분석, 개체명 인식, 유전자 검색 등에 많이 사용
되는 은닉 마르코프 모델(Hidden Matkov Model, HMM)의 대안으로
서 주목받았다.

2003 토픽 모델링(블레이, 응, 조던)

Blei, David M., Ng, Andrew Y., Jordan, Michael(January 2003), "Latent Dirichlet allocation," in Lafferty, John, *Journal of Machine Learning Research*, 3(4-5), pp.993-1022.

기계학습 및 자연언어처리 분야에서 토픽 모델(topic model)이 란 문서 집합의 추상적인 '주제(topic)'를 발견하기 위한 통계적 모델 중 하나로, 텍스트 본문의 숨겨진 의미구조를 발견하기 위해 사용되는 텍스트 분석기법이다. 특정 문헌에서는 그 주제에 관한 단어가 다른 단어들에 비해 더 자주 등장할 것이다. 실제로 문헌 내에 어떤 주제가 들어 있고, 주제 간 비중이 어떤지는 문헌 집합 내의 단어 통계를 수학적으로 분석함으로써 알아낼 수 있다.

정보화 시대가 도래하면서 매일 생성되는 텍스트는 인간이 직접 처리할 수 있는 양을 크게 넘어서는데, 토픽 모델은 자동적으로 비정형 텍스트의 집합을 이해하기 쉽도록 조직하고 정리하는 데 쓰일 수 있다. 또한 토픽 모델은 원래 개발된 목적인 텍스트 마이닝 분야 외에도 유전자 정보, 이미지, 네트워크와 같은 자료에서 유의미한 구조를 발견하는 데 유용하다.

2006 딥러닝(힌튼, 오신데로, 이훼테)

Geoffrey E. Hinton, Simon Osindero, and Yee-Yhye The, "A fast
learning algorithm for deep belief nets," *Neural computation*, 18(7)
(2006), pp.1527-1554.

얀 르쿤과 그의 동료들은 역전파 알고리즘에 기반한 딥 신경망
(deep neural network)을 성공적으로 만들었지만 속도가 매우 느렸
고 연구 경향은 이미 인공신경망과 멀어졌기 때문에 1990년대와
2000년대에는 서포트벡터머신 같은 기법들이 각광받는다. 딥러닝
은 이후 느린 속도의 원인 중 하나인 과적합(overfitting) 문제를 개
선하고 강력한 하드웨어와 빅데이터에 힘입어 부활했다. 그리고
마침내 경우의 수가 너무 많아서 불가능한 것으로 여겨지던 바둑
에서, 세계 최고의 바둑기사를 물리친 알파고의 등장은 대중들의
입에서도 딥러닝이라는 용어를 쉽게 오르내리게 했다. 딥러닝은
바둑뿐만 아니라 음성인식, 사진이나 동영상에 있는 사물인식, 주
식투자 등 다양한 분야에서도 뛰어난 성능을 보이면서 많은 분야
에 적용되고 있다.

그러나 딥러닝에 사용되는 방법들은 이론적이기보다는 경험
적으로 검증된 방법들을 사용하기 때문에 종종 블랙박스로 이해
되기도 한다.

2010 구글 자율주행자동차(마코프)

Markoff, John, "Google cars drive themselves, in traffic," *The New York Times*, October 10(2010): A1.

구글 자율주행자동차는 구글에서 개발하는 무인 자동차다. 구글은 2009년부터 도요타의 일반 차량을 개조해 무인 자동차를 개발하고 시험 주행을 해왔다. '구글카'는 운전에 필요한 다양한 정보를 얻은 후 이를 해석해 의사결정을 내린다. GPS를 통해 현재 위치와 목적지를 끊임없이 비교하면서 원하는 방향으로 핸들을 움직인다. 여기에 레이더·카메라·레이저 스캐너가 도로의 다양한 정보(주변 차량·사물사람·신호)를 확보한다. GPS가 조향장치 개념이라면 이 장비들은 사물탐지·충돌방지 장치다. 이렇게 수집된 데이터는 구글 컴퓨터가 종합·분석해 방향조작, 가·감속, 정지 등 운전에 필요한 최종 의사결정을 내린다.

2011 IBM 왓슨 퀴즈쇼 제퍼디에서 승리

The DeepQA Project, IBM Research. Retrieved February 18, 2011. https://researcher.watson.ibm.com/researcher/view_group.php?id=2099.

2011년 IBM 왓슨은 퀴즈쇼 제퍼디에 참가하여 인간들을 물리치고 우승했다. IBM 왓슨은 자연언어를 분석하고 근거를 확인하고 가정을 만들어서 증거를 찾아서 점수를 매기고 합쳐서 가정들의 순위를 정하기 위하여 100가지 이상의 다른 기술들을 사용하여 만든 질의/응답 인공지능 시스템이다. 현재는 한 종류의 왓슨만이 존재하는 것이 아니고 종양학 전문 왓슨, 방사선학 전문 왓슨, 내분비학·법학·세금 규정·소비자 서비스 등 분야별 왓슨이 다 따로 있으며 그렇게 해야 각 시스템에 맞는 데이터를 입력해 정확하게 훈련시킬 수 있기 때문이다.

우리에게 가장 큰 인상을 남긴 최근의 인공지능 사건은 구글 딥마인드의 알파고가 이세돌을 물리친 바둑 대국이다. 이 장면이 지금까지 살펴본 인공지능 역사에서 마지막으로 등장하지 못한 것은 알파고의 핵심이 되는 딥러닝 기술은 이미 오래전에 등장했기 때문이다. 그렇다면 IBM 왓슨과 구글 딥마인드의 알파고는 비교가 가능할까? 사실 이 둘은 하는 일도 방법도 완전히 다르다. 이미 설명한 바와 같이 IBM 왓슨은 딥러닝 기술만을 사용하지 않고 다양한 인공지능 기술을 사용했다. 사실 알파고도 단순히 딥러닝 기술을 사용한 것이 아니라 딥러닝 기계학습을 하는 다수의 인공신경망과 복잡한 탐색 기법을 사용했다. 딥러닝 기술이 좋은 성과를 내는 것은 사실이지만 알파고가 이세돌과의 바둑에서 왜 그자리에 바둑돌을 놓았는지 설명해줄 수는 없다. 딥러닝 기술이 그이유를 설명하게 하기 위하여 미 국방성은 설명 가능한 인공지능(eXplainbale AI: XAI) 기술의 개발을 독려하고 있고 우리나라에서도 유사한 연구가 진행 중이다. IBM 왓슨은 기호적 인공지능에 기반하고 있고 기호적 인공지능은 방법의 특성상 그리고 자신의 추론을 설명하는 것에 대한 연구가 있었기 때문에 설명 가능한 인공지능이라는 면에서는 다소 유리하다고 할 수 있다.

3. 인공지능 연구 계통도와 인공지능 연구 분야들

인공지능의 중요 문헌들과 사건들이 시간에 따른 인공지능 기술 계통도를 이루지만 계통도에는 인공지능 연구의 이론과 응용이 혼재되어 있다. 인공지능 연구는 항상 구현된 이론인 응용을 대상으로 하는 만큼 이론과 응용이 같이 이루어지지만 전혀 다른 응용 분야에 같은 이론이 사용되기도 하기 때문이다.

패턴인식은 그림, 소리, 단어, 문장 등과 같은 모든 종류의 패턴들을 대상으로 하기 때문에 에이마이너의 계통도 그림에서 인공신경망, 이미지 인식, 자연언어처리를 분화하고, 인공신경망은 기계학습(Machine Learning), 다시 인공신경망, 베이즈 네트워크, 서포트벡터머신, 결정 트리(Decision Tree), 비지도학습(Unsupervised Learning)으로 분화된다. 이러한 인공지능 연구 계통도에서 이론과 응용을 구분하면 다음과 같다.

계통도에서 패턴인식, 휴리스틱 프로그램, 인공신경망, 지식표현과 추론, 기계학습, 비지도학습, 결정 트리, 서포트벡터머신, 베이즈 네트워크, 확률적 그래프 모델, 딥러닝은 이론이며, 그 외 로보틱스, 게임 플레잉, 전문가시스템, 이미지 인식, 자연언어처리, 컴퓨터 비전, 시멘틱 웹, 자연언어이해 등은 응용이다.

그러므로 딥러닝은 이론으로서 인공신경망에 기반한 기계학습이론이고 컴퓨터 비전과 게임 플레잉, 자연언어처리, 음성인식 등에 사용된다. IBM 왓슨은 자연언어이해 응용의 상품이면서 지식표현과 추론, 그리고 인공신경망과는 다른 기계학습을 사용한다.

4. 2019 바로 보는 인공지능의 역사?

거꾸로 보는 인공지능을 통하여 필자가 전달하고자 하는 바는 딥러닝 기술이 완전한 인공지능을 완성할 기술도 아닐뿐더러 과거의 많은 인공지능 기술이 제기했던 문제들이 딥러닝 기술로 해결된 것도 아니고 아직도 유효하다. 사실 인공신경망 기술을 통하여 효과적으로 기호적 인공지능의 기능을 구현하려는 노력은 이전에도 있었고 현재도 딥러닝 기술에 힙입어 더욱 주목받고 있는 상황이다. 또한 '체화된 인지'라는 관점에서 로봇 연구와 인공지능 연구도 다시 관심이 필요하다고 할 수 있다.

인공지능 인덱스(Artificial Intelligence Index)는 스탠포드 인공지능 100년 연구에 속하는 프로젝트로서 인공지능과 관련된 데이터를 추적하고, 수집·분석하고, 정제하여 시각화하는 계획이다. 2017년 인공지능 인덱스 보고서를 보면 1996년 이후로 인공지능 관련 논문은 2017년에는 9배 늘어났다. 컴퓨터 과학 분야의 논문들도 많이 늘어났지만 인공지능 관련 논문의 증가율은 그 2배에 이른다.

인공지능 관련 대규모 학술 대회에 참가한 이들의 추이를 보면 기호적 인공지능에서 인공신경망과 기계학습으로 옮아가는 추세이고 이러한 숫자는 당대에 성과를 낸 유행하는 인공지능 기술을 보여준다. 현재 인공신경망과 기계학습에 대한 인기는 1980년대 기호적 인공지능에 대한 인기에 육박한다. 하지만 기호적 인공

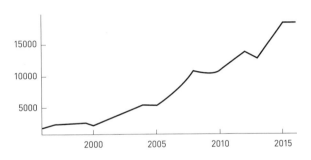

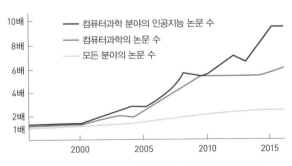

그림 1-2 **인공지능/컴퓨터 과학 관련 논문 발표 양과 증가율**
(2017 인공지능 인덱스 보고서)

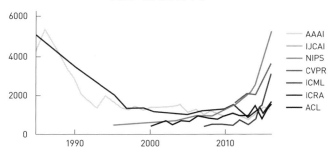

대규모 학술대회 참가자

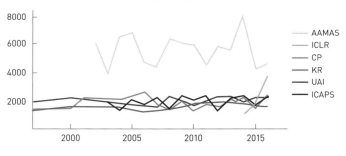

소규모 학술대회 참가자

그림 1-3 인공지능 관련 대규모/소규모 학술대회 참가자 추이
(2017 인공지능 인덱스 보고서)

지능을 주제로 하는 소규모 학술대회의 작은 연구그룹들은 꾸준히 기호적 인공지능을 연구하고 있는 모습이다.

이 짧은 인공지능 기술의 사건 목록과 설명들에서 인공지능 기술 자체에 대한 이해와 더불어 인문학적 논의의 필요가 발견되기를 바라는 마음이다. 지능은 휴리스틱한 탐색인지? 지능과 몸은 어떤 관계인지? 이러한 물음을 살피다 보면 인공지능은 좀 더 근본적인 질문의 대상이 될 수도 있을 것이다.

사람들이 자동차를 어떻게 만들었고 자동차가 사람들을 어떻게 바꾸어 놓았는지에 대하여 논의하는 자동차 인문학이 있다. 하지만 인공지능은 자동차와는 또 다르다. 당연히 자동차 인문학처럼 인공지능 인문학이 있을 수 있지만 인공지능은 그 자체가 또 다른 형태의 인문학일 수 있다는 점을 기억할 필요가 있다.

딥러닝이란 무엇인가

최희열

1. 들어가며

최근 '인공지능이 인류 문명을 멸망시킬 것인가'에 대한 질문에 서로 다른 생각을 가진 주커버그(M. Zuckerberg)와 머스크(E. Musk)의 설전이 사회관계망을 뜨겁게 했다.[1] 이러한 논쟁은 1956년 다트머스 학회(Dartmouth Conference)에서 처음 정의된 인공지능이 최근 얼마나 급격하게 발전하는지를 잘 보여준다. 인간의 지능을 모사하려는 인공지능 기술은 오래전부터 점진적으로 발전해왔고 1997년 딥블루(Deep Blue)가 당시 체스 세계 챔피언이던 카스파로프(G. Kasparov)를 이기면서 잠시 대중의 관심을 끌었다. 딥블루는 체스 고수들의 지식을 바탕으로, 엄청난 양의 경우의 수를 계산하는 컴퓨팅 파워에 의존하기 때문에 알고리즘 측면으로는 높은 평가를 받기 어려웠다. 그에 비해, 아이비엠(IBM)

의 왓슨(Watson)이나 애플(Apple)의 시리(Siri), 구글(Google) 나우
(Now), 구글의 알파고 등의 인공지능 기술은 해당 분야 전문가에
의존하는 대신 빅데이터에 기반하여 지식을 자동으로 축적하며,
컴퓨팅 파워에 의존한 경우의 수 계산만이 아니라 인간과 유사한
형태의 선택을 한다는 면에서 높은 평가를 받고 있다.

　앞서 언급한 왓슨의 경우에서처럼, 최근 패턴인식 성능의 비
약적인 향상을 주도해온 것은 데이터 기반 인공지능이다. 1990년
대 작은 양의 데이터에 기반한 기계학습 및 패턴인식은 이론적인
발전에도 불구하고, 그 성능이 인간 수준에는 미치지 못했다. 하
지만 2000년대부터 데이터의 대용량화와 빅데이터를 처리할 수
있는 클라우드 및 그래픽 프로세서(Graphical processing unit, GPU)
를 활용한 컴퓨팅 파워의 폭발적 증가는, 빅데이터를 처리하지 못
하는 기존의 커널 머신과 같은 패턴인식 기술의 한계를 극복하고
패턴인식의 새로운 패러다임을 예견했다.[2] 딥러닝(deep learning)은
이런 배경에서 음성인식과 영상인식을 비롯한 다양한 패턴인식 분
야의 성능을 혁신하는 중요한 인공지능 기술이다.

　딥러닝의 초기 개념은 1980년대에, 혹은 이미 그 이전부터
논의되었지만, 2006년《사이언스》에 발표된 토론토 대학의 힌턴
(G. Hinton) 교수 논문 이후 주목을 받기 시작했고 2012년을 거치
면서 많은 사람들이 딥러닝을 체계적으로 연구하기 시작했다.[3]
딥러닝 연구의 성공적인 발전과 함께, 글로벌 IT 업체들이 다양한
서비스들을 제공하면서, 딥러닝은 단순히 관련 연구자들뿐만 아니
라 일반 대중의 관심을 받았고 주요 미디어에서도 관련 기사들을

쏟아내었다.[4] 현실적으로 분석하고 이해할 방법이 없었던 여러 응용 분야의 대용량 데이터에 대해 딥러닝이 분석 도구로 더욱 기대받고 있다.

딥러닝은 기존 천층신경망(shallow neural networks)의 계층수를 증가시켜 심층신경망(deep neural networks) 혹은 심층망(deep networks)을 구성하고, 빅데이터를 이용하여 심층망을 효과적으로 학습하여 패턴인식이나 추론에 활용하는 과정을 말한다. 이런 심층망의 장점은 기존의 천층망에 비해 더 많은 중간 계층을 사용함으로써 입출력 데이터에 대한 모델의 표현 능력을 크게 증가시킬 수 있다는 것이다. 이 같은 심층망의 아이디어는 2006년 이전에는 심층망을 학습할 효과적인 방법이 없어서 주목받지 못했다. 2006년 제안된 사전학습(pre-training)은 심층망의 학습 가능성을 보여주었고, 그 이후 여러 가지 다양한 학습 방법들이 제안되어 사용되고 있다.[5]

신경망에서 중간계층을 쌓는 것은 단순해 보이지만, 이러한 계층의 증가에서 오는 양적 변화가 패턴인식 분야에서는 패러다임의 변화를 일으킬 만큼 대단한 혁신으로 이어졌다. 이 같은 혁신은 크게 두 가지로 요약되는데, 하나는 해당 분야 전문가의 지식 없이 데이터로부터 자동적으로 필요한 정보를 추출해낸다는 것이고, 또 하나는 기존에 독립적으로 학습되던 특징 추출기(feature extractor)와 분류기(classifier) 등의 모델들이 하나의 모델로 통합됨으로써 패턴인식의 성능이 극대화된다는 점이다. 사실 이 두 가지 측면은 동전의 양면과 같아서, 전문가의 지식이 필요 없어진 것은 하나의 큰 모델을 통해 목적에 필요한 모든 지식을 데이터로부터 직접 추출할 수 있기 때문이고, 하나의 모델로 통합되었다는 것은 전문가의 지식을 대체할 부분이 모델로 흡수되어 더 큰 모델로 통합된 것을 의미한다. 이러한 변화는, 예를 들어, 의료 영상 분석에서 의사들의 사전 지식에 의존하던 기존의 복잡한 패턴인식 방법에서 심층망 학습만으로 단순화되면서도 더 정확해지는 것을 의미한다.

이 글에서는 우선 학습에 대한 기본적인 내용들을 살펴보고, 심층망의 발전 역사 및 다양한 개념들, 그리고 학습 원리 및 주요 모델들을 설명하고, 이들이 실제 응용 분야에서 어떻게 적용되는지를 사례 중심으로 소개함으로써 딥러닝에 대한 전체적인 이해를 돕는 것을 목적으로 한다.

2. 배경

1) 학습이란 무엇인가

컴퓨터 프로그램이 학습한다는 것은 주어진 임무(task)에서 데이터를 볼수록 성능이 좋아지는 과정을 말한다.[6] 예를 들어, 음성인식 임무에서 인식률로 성능을 측정하는 음성인식 시스템에서, 음성 데이터를 볼수록 인식률이 올라간다면 시스템은 학습 중에 있다. 또 다른 면으로 이야기하자면, 데이터를 보기 전에 가진 생각이 데이터를 보고 나서 바뀔 때(예를 들면, 딥러닝에 대해 그전에 가지고 있던 생각이 이 글을 읽고 나서 바뀔 때) 학습하고 있다고 한다. 학습은 잘 만들어진 지식을 전수받으면서 이루어질 수도 있고, 데이터를 관측하면서 이루어질 수도 있는데, 기계학습이나 딥러닝에서 말하는 학습은 주로 데이터를 관측하면서 이루어지는 학습을 의미한다. 즉 데이터 기반의 인공지능이다.

패턴인식과 같은 특정 임무에 관하여 데이터로부터 배운다는 것은 주어진 모델의 변수(parameters)를 조정하여 인식 정확도와 같은 성능의 최대화를 이루어가는 과정이다. 즉, 성능이 목적함수로 정의되어 함수 최적화를 통해 최적의 변수를 찾아내는 과정으로 요약된다. 예를 들어, 〈그림 2-1〉에서는, 선형모델의 경우 두 개의 변수 (a,b), 2차식에서는 3개의 변수 (a,b,c)를 조정하여 입력 값 x에 대해 출력 값 y를 예측할 수 있게 한다(예를 들면, 수학점수 x를 보고 영어점수 y를 예측하는 모델). 그림에서처럼, 3개의 변수를 갖는 모델은 2개의 변수를 갖는 모델을 포함하는데, 2차식이 주어

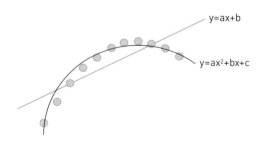

그림 2-1 1, 2차 다항식 모델에 기반한 회귀분석 예
동그란 점들은 (x,y)로 이루어진 데이터.

진 데이터 x와 y의 관계를 더 잘 설명하는 것처럼, 일반적으로 더 많은 변수를 사용하여 정의된 복잡한 모델일수록 데이터의 관계를 더 잘 설명하고 정의할 수 있다. 하지만 변수가 많을수록 학습이 어렵고 과적합(overfitting) 등의 문제까지 발생할 수 있어서 적절한 수준의 모델 복잡도를 찾는 것은 중요하다.

학습을 하려면 데이터를 설명하는 모델을 결정하고(〈그림 2-1〉에서는 1차 혹은 2차식, 다음 절에서는 신경망) 그 모델의 변수 w를 ({a,b} 혹은 {a,b,c}, 신경망에서는 연결강도) 찾아가는 과정으로 요약할 수 있는데, 이때 변수를 찾아가려면 어떤 변수가 더 좋은 변수인지 측정할 수 있어야 한다. 주로 예측값과 실제 정답값 사이의 차이 혹은 오차를 최소화하는 변수를 좋은 변수라고 생각할 수 있고 이러한 오차를 목적함수 $f(w)$라고 한다. 이렇게 정의된 오차와 같은 목적함수를 최소화하려고 변수들을 찾아가는 방법은 주로 경사하강법(gradient descent method)을 사용한다.

경사하강법의 원리는 간단하고 이를 통해 대부분의 딥러닝 알고리즘들이 학습되고 있다. 〈그림 2-2〉에서와 같이, 현재 변수의 값 w_t에서 목적함수 $f(w_t)$의 기울기가 음수인 경우 w_t를 오른쪽으로 이동하여 $f(w_{t+1})$의 값은 줄어든다. 반대로, 기울기가 양수인 경우 w_t를 왼쪽으로 이동하여 $f(w_{t+1})$의 값은 줄어든다. 대부분의 딥러닝 알고리즘의 경우, 변수의 개수는 수백만에서 수억 개로 구성될 수 있는데, 단순히 위 과정을 변수의 개수만큼, 즉 수백만 번 혹은 수억 번 반복하는 것으로 학습이 이루어진다.

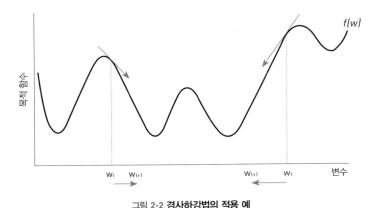

그림 2-2 경사하강법의 적용 예
현재 시점 t 에서, 왼쪽의 w_t의 경우 기울기가 음수이므로 변수를 오른쪽으로 이동하고
오른쪽의 w_t의 경우 기울기가 양수이므로 변수를 왼쪽으로 이동한다.

2) 학습의 종류

데이터로부터 지능을 얻는, 즉 학습하는 방법은 크게 감독학습, 무감독학습 및 강화학습으로 나뉜다. 이렇게 구분은 되지만 목적함수를 설정하고 주어진 데이터로부터 최적화 과정을 통해 변수를 찾아낸다는 면에서 모두 동일한 과정을 따른다.

감독학습은 입력과 출력데이터가 모두 주어진 경우 입력으로 출력을 맞추는 문제로 이해할 수 있다. 주로 음성인식, 얼굴인식 등의 패턴인식이나 회귀분석(regression)과 같은 경우에 사용된다. 인식 문제는 주어진 데이터를 보고 여러 개의 클래스 중에 정답 클래스를 맞추는 문제이고 회귀분석은 주어진 데이터의 정답값을 맞히는 문제이다. 무감독학습은 입력데이터는 있지만 출력데이터는 없는 경우 입력데이터를 분석하는 문제이다. 주로 군집화(clustering)나 차원축소(dimension reduction) 등에 사용되며, 데이터를 분석하고 이해하는 데 도움이 된다. 강화학습은 입력은 주어지지만 정답에 해당하는 출력값은 주어지지 않고 보상값(reward)만 주어지는 경우에 사용하는 학습 방법으로, 알파고나 로봇 등의 학습에 활용된다.

강화학습이 감독학습과 다른 점은 예측값이 다음 시간의 입력값에 영향을 미친다는 점과 정답이 아닌 보상값이 주어진다는 점이다. 다음 시간의 입력값에 영향을 미친다는 뜻은 예를 들어 자율주행의 경우 손잡이를 오른쪽으로 돌릴 경우 보게 될 영상 입력과 왼쪽으로 돌릴 경우 보게 될 영상입력이 달라진다는 뜻으로, 시스템이 내리는 결정이 외부 환경에 영향을 미치고 결국 영향을 받은 환경에 의해 시스템이 보게 될 다음 입력이 결정된다는 의미이다. 정답이 없이 보상이 주어진다는 것은 알파고에서 예를 들면 정확히 어디에 두어야 하는지 정답이 있는 경우는 감독학습이고, 정답은 모르지만 현재 선택한 곳에서 이길 수 있을 확률이 얼마인지를 예측해서 알려줄 때의 값을 보상이라고 한다.

3. 신경망의 역사와 학습 원리

1) 역사

딥러닝은 심층망에서의 학습과 추론에 대한 연구이며, 심층망은 기존 신경망의 계층을 확장한 형태이므로, 딥러닝을 이해하려면 신경망의 발전을 이해할 필요가 있다. 최근 인공지능의 역사를 신경망의 역사로 해석하는 현상은 딥러닝이 인공지능에서 차지하는 비중을 잘 보여준다.

최초의 신경망은 1949년 헵(D. Hebb)에 의해 시작되었다고 여겨진다. 헵은 신경망을 학습시키려고 헤비안 학습(Hebbian learning)을 제안했는데, 그 원리는 같이 행동하는 뉴런들을 더 단단히 연결하는 것으로 요약된다("Fire together, wire together"). 단순하지만 아직도 많은 경우에 사용되는 학습 원리이다. 이후 1958년 로젠블랫(F. Rosenblatt)이 단층신경망인 퍼셉트론(Perceptrons)을 제안하고 알파벳 인식에 적용했다. 퍼셉트론을 지켜보면서 사람들은 인간 수준의 인공지능이 곧 가능할 것으로 믿었지만, 1969년 매사추세츠공대(MIT)의 민스키(M. Minsky) 교수가 퍼셉트론의 한계를 증명함으로써 신경망에 대한 사람들의 기대는 사라졌다.[7] 이때 이미 신경망의 계층을 늘려 계산 능력을 키우면 어떨까 하는 질문들이 있었지만, 민스키는 여전히 한계를 극복할 수 없을 것이라고 단정했다.

이후 신경망은 1986년 럼멜하트(D. Rumelhart), 힌턴, 그리고 윌리엄스(R. Williams)가 발표한 역전파(backpropagation) 알고리즘의 등장으로 다시 주목을 받게 된다.[8] 사실 역전파 알고리즘은 그전에 제안되었지만, 럼멜하트와 그 동료들의 연구로부터 주목받기 시작했고, 신경망은 또다시 낙관적인 전망으로 사람들의 관심을 끌었다. 이 역전파 알고리즘은 단층신경망뿐만 아니라 한두 개의 은닉층을 가지는 다층퍼셉트론(multi-layered perceptron, MLP)도 학습 가능하게 만들었고, 관련 연구들이 많이 이루어졌다. 하지만 1995년 배프닉(V. Vapnik)과 코테스(C. Cortes)에 의해 서포트벡터머신(support vector machines, SVMs)이 소개되고, 신경망보다 더 쉽게 학습이 가능하면서도 좋은 성능을 보이자, 사람들은 다시 신경망을 버리고 SVM을 쓰기 시작했다. 신경망은 지금도 어느 정도 그러하지만 학습이 쉽지 않다는 문제가 있다.

이후 10여 년간 신경망은 연구자들의 무관심을 받았지만, 힌턴은 여전히 신경망의 가능성을 믿고 연구를 계속했고, 2006년 《사이언스》에 논문을 발표하여 신경망의 가능성을 증명함으로써 패턴인식의 패러다임을 바꾸고, 음성인식, 영상인식 등의 분야에 성공적으로 적용함으로써 딥러닝이라는 이름으로 신경망 연구의 부활을 가져왔다. 딥러닝은 언어이해와 같은 분야에서도 성과를 내면서 인공지능의 수준을 한 단계 성숙시키는 기술로 인정받고 있다. 몇몇 기계학습 전문가들은 신경망의 성공에 대해 지나친 열광을 우려하기도 하는데,[9] 이는 이미 몇 차례 신경망에 대한 기대와 좌절을 경험했기 때문에 신중하자는 뜻으로 여겨진다.

2) 신경망의 구조와 학습

딥러닝은 인공신경망이라는 특수한 모델에 기반한다. 인공신경망은 뇌신경에서 발생하는 정보처리 과정을 매우 단순화한 계산 모델로서, 생물학적 신경망에서의 연산단위(혹은 뉴런)와 연결(혹은 시냅스)을 노드(node)와 그들 사이의 연결강도(weight)로 구현한다. 〈그림 2-3〉은 입력 x와 은닉계층 h 그리고 출력 y가 있는 간단한 신경망 구조의 예이다. 이때 x와 h 그리고 y는 노드가 되고 이들을 연결하는 w^1과 w^2는 연결강도가 된다.

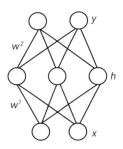

그림 2-3 하나의 은닉계층을 가진 신경망의 예
원들은 노드, 선들은 연결강도. 그림에서 x는 2차원 벡터.

신경망에서 입력값 $x=[x_1, x_2, \cdots x_d]$는 벡터로 주어지는데, 예를 들어 크기가 10×20인 흑백 이미지가 주어질 때 x는 200차원의 벡터가 된다. 즉 d가 200이 된다. x는 h를 거치면서 출력값 y로 변환된다. 이때 h와 y도 벡터가 되고 각각의 차원은 구조 설계 시에 결정해준다. x에서 h를 거쳐 y가 되는 과정은 다음과 같이 연결강도 행렬의 곱과 비선형 함수 σ(주로 시그모이드 함수)를 적용하는 것으로 이루어진다.

$$b = \sigma(w^1 x),$$
$$y = w^2 b.$$

위 식에서 w^k는 k번째 계층의 연결강도를 의미한다. 이러한 신경망은 입력 x가 주어질 때 출력 y를 계산하는 함수로 볼 수 있다. y를 구하는 식에서 비선형 함수를 사용하기도 하고 그렇지 않은 경우도 있는데, 이는 문제의 특성에 따라 결정한다. 여기서는 사용하지 않는 경우의 예를 보여준다.

앞서 기계학습에서 모델의 변수를 수정해가는 과정이 학습이라고 했는데, 인공신경망에서 변수는 바로 연결강도이고, 신경망의 학습 원리는 기계학습의 경사하강법에 기반한 학습 원리와 동일하다. 예를 들어, 인공신경망에서의 감독학습은 일반적인 기계학습의 감독학습과 동일한 방식으로 작동하는데, 단지 모델과 변수가 다를 뿐이다. 신경망의 학습은 현재의 연결강도로 정의되는 신경망에 학습 데이터의 입력값을 대입했을 때의 출력값과 동일 입력에 대한 정답값 사이의 차이(오차)를 감소시키는 방향으로 경사하강법을 통해 연결강도를 조정해가는 과정이다.

출력값과 정답값 사이의 차이를 표현하는 비용함수(목적함수)와 비용함수값을 감소시키려는 연결강도의 개선 방법에 따라 경사하강법의 다양한 학습 알고리즘이 있다. 비용함수 E는 주로 출력

값 y와 목표값 t 사이의 차이, 즉, $E=(y-t)^2$로 정의하고, 연결강도의 개선은 위에서 설명한 것처럼 현재 변수에서 함수의 기울기를 사용하여 이루어지는데, 단순한 경사하강법을 적용한 경우 구체적으로는 다음과 같이 정의된다.

$$w=\mathrm{w}-\eta\frac{\partial E}{\partial w}.$$

여기서 η는 학습률(learning rate)을 의미하며 한 번에 어느 정도를 학습할지 학습양을 결정한다. 신경망에 변수가 되는 연결강도는 여러 계층에서 행렬의 요소값으로 표현되어 매우 많지만, 요소값의 개수만큼(〈그림 2-3〉의 경우에는 12번) 〈그림 2-2〉에서와 같이 경사하강법을 적용한다. 오차에 대한 낮은 계층의 연결강도의 편미분은 연쇄법칙(chain rule)을 통해 계산되고 이때 연결강도를 수정하는 수식(update rule)은 출력값과 정답값의 차이에서부터 시작된 에러의 역전파 형태로 나타난다. 즉, 위 계층에서의 에러값이 연쇄법칙을 따라서 아래 계층으로 전파되는 방식으로 편미분이 이루어진다. 이런 학습 과정은 매우 단순하고, 초기에 제안되었을 때에도 하나 혹은 두 개의 계층을 포함하는 천층망에서는 잘 작동했다.

데이터를 통해 비용함수를 감소시키는 방향으로 연결강도를 여러 번 수정하다 보면 더 이상 비용함수값이 줄어들지 않게 되는데, 이때 모델이 수렴했다고 하고, 학습을 멈춘다. 학습이 끝나면 연결강도를 더는 수정하지 않는다. 고정된 연결강도를 갖는 인공신경망은 입력값에 대한 출력값을 계산하는 함수가 되는데, 이미지 분류와 같은 경우, 이미지를 입력하면 분류된 결과(예를 들면 '사자'나 '자동차' 등)를 출력하게 된다.

주어진 인공신경망의 네트워크에 대해 깊이를 계층의 수로 정의할 수 있는데, 딥러닝은 쉽게 말해서 기존의 신경망에서 다루는 네트워크들보다 더 큰 깊이(더 많은 계층)를 갖는 인공신경망이라고 할 수 있다.

4. 딥러닝의 학습 원리

1) 심층망의 어려움

패턴인식 등에서의 성능을 향상하려고 여러 계층을 쌓으려는 심층망이 최근까지 활발히 연구되지 않은 이유는, 위에서 언급한 것처럼 신경망은 학습이 어려운데 심층망은 특별히 더 어렵다는 것이다. 즉, 신경망을 학습하는 데 사용되는 역전파 알고리즘이 3개 이상의 계층으로 쌓인 심층망에서는 에러의 역전파에 어려움을 겪는 것인데, 이는 사라지는 경사(vanishing gradient)라는 현상 때문이다. 에러 정보가 출력노드에서 입력노드 방향으로 전달되면서 점점 사라지는 것을 말하는데, 에러 정보가 낮은 계층까지 잘 전해지지 않으면서 낮은 계층의 연결강도는 학습 정도가 거의 이루어지지 않아 초기의 랜덤 값에서 크게 벗어나지 못하게 된다.

앞서, 인공신경망이 연결강도를 조정하여 다양한 함수를 표현할 수 있다는 점을 언급했다. 하지만 사라지는 경사 현상으로 인해 상대적으로 낮은 층은 학습의 양이 극히 작아지므로, 결국 학습 과정에서 상위 몇 개 층의 연결강도만을 조정하게 된다. 이는 결국 낮은 계층의 연결강도는 초기의 랜덤 값에서 크게 변하지 않음으로써 전체적인 성능을 떨어뜨린다. 하지만 2006년 힌턴이 사전학습을 제시함으로써 심층망에서 학습이 가능한 방법을 보여줬고, 이후 다양한 방법들이 제안되고 있다.

2) 심층망의 학습 방법

심층망의 학습을 가능하게 하는 방법들 중에 일반적으로 사용될 수 있는 대표적인 방법들 몇 가지를 살펴보자.

(1) 사전학습(pre-training)

사전학습은 이름 그대로 심층망에 역전파 알고리즘을 적용하기 전에 각 계층별로 사전학습을 진행하는 것이다. 즉, 역전파 알고리즘을 임의의 값(random value)에서 시작하는 것이 아니라, 사전학습을 통해 심층망의 연결을 학습에 도움이 되는 값으로 미리 변형해놓는 것을 의미한다. 입력값이 주어지면, 첫 번째 계층을 무감독학습으로 먼저 학습하고, 그 출력값을 두 번째 계층의 입력으로 사용하여 두 번째 계층을 학습한다. 이러한 과정을 모든 계층에 순서대로 진행한다. 즉, 전체 신경망을 층별로 분해해서 학습하는 것이다. 이후 역전파 알고리즘으로 전체 신경망을 학습하는데 이를 미세조정(fine-tuning)이라고 한다. 이름 그대로 미세조정을 통해서는 연결강도가 조금 조정된다.

이런 사전학습은 초기값을 최적해 근처로 옮겨 놓는다는 점에서 최적화(optimization) 문제의 좋은 초기해를 찾는 방법으로 해석할 수 있다. 그뿐 아니라, 무감독학습이 $p(x)$로 표현되는 데이터의 분포를 학습하고, 감독학습에 기반한 미세조정은 $p(y|x)$로 표현되는 분류성능을 최대화하는데, 베이즈 룰(Bayes rule)에 따라, 좋은 사전 분포 $p(x)$는 분류 문제 $p(y|x)$에 대한 좋은 사전 지식이 된다. 사전학습의 또 다른 장점은 무감독학습이기 때문에 레이블 없는 빅데이터를 학습에 사용할 수 있다는 점이다. 감독학습에 필요한 레이블이 많지 않은 데이터들도 있고, 또 레이블을 만드는데 드는 비용이 매우 큰 경우 무감독학습은 유용하다.

또한 사전학습은 변수들의 사전 분포(prior distribution)를 지정하는 것으로 이해될 수 있는데, 이는 곧 목적함수에 제약조건(regularizer)을 설정하는 것과 같다. 최근에는 사전학습 없이도 드롭아웃(dropout)이나 새로운 비선형함수(ReLU)와 같은 다양한 제약조건을 설정함으로써 효과적으로 학습하는 추세이다.

(2) 드롭아웃

드롭아웃은 학습하는 중에 노드들의 일부(주로 절반)를 임의로 끄는데, 매 학습 횟수마다 임의의 선택을 새로 한다. 학습이 끝난 후 새로운 데이터에 대해서는 절반의 노드를 끄는 대신 모든 노드들의 출력값을 절반으로 나눈다. 이러한 방법은 기계학습의 배깅(bagging) 방법과 비슷한 효과를 만드는데, 안정성과 정확도를 향상시킨다.[10] 그리고 중요한 것은 드롭아웃은 상호적응(coadaptation) 문제를 해소하는 것으로 이해된다. 두 개의 노드가 한번 비슷한 연결강도를 가지게 되면, 그 두 노드는 비슷한 방식으로 업데이트되면서 마치 하나의 노드처럼 작동하고, 이것은 컴퓨팅 파워와 메모리의 낭비로 이어진다. 드롭아웃이 임의로 노드들을 끌 때 이러한 두 개의 노드가 달라지면 상호적응 문제를 회피할 수 있다.

(3) 조기멈춤(early stopping)

심층망과 같은 패턴인식 모델을 학습할 때는 보통 두 가지 목표를 동시에 달성하기를 원한다. 하나는 비용함수를 최소화하는 모델을 찾는 것이고, 다른 하나는 찾은 모델이 학습에 사용되지 않은 데이터에 대해서도 인식을 잘하기를 원하는 것, 즉 과적합을 피하는 것이다. 과적합 문제는 근본적으로 학습 데이터에 대해서만 비용함수를 최소화하기 때문에 발생한다. 즉 모델이 지나치게 학습 데이터에만 최적화되어 학습에서 보지 못한 새로운 데이터에 대해서는 오히려 큰 에러를 발생시키는 문제이다. 이를 해결하려고 주로 쓰는 방법은 조기멈춤이다. 이 방법은 학습 데이터 중 일부를 검증 데이터로 따로 떼어놓고, 남은 데이터로만 학습을 진행한다. 학습 중 검증 데이터로 성능을 검증해서 검증에러가 떨어지다가 올라가기 시작하면 학습을 멈춘다. 이 방법은 매우 간단해 보이지만, 잘 작동한다.

그 외에도 최대값출력(Maxout)이나 선형정류기(linear rectifier, ReLU), 나머지연결(residual connection) 등의 모델 관련 기법들과, GPU(graphic processing unit)와 여러 대의 서버들에 기반한 병렬 연산(parallel computing), 심층망의 모델 크기와 계산양을 줄이려는 시도, 즉 천층망으로 심층망의 성능을 모방하는 모델 압축(model compression) 등 많은 기법들이 있다.

5. 딥러닝의 주요 개념들

이 절에서는 독자의 이해를 돕기 위해 딥러닝에서 주로 이야기 되는 개념들에 대해 간략히 정리한다. 특별히 딥러닝은 표현 학습 (representation learning)의 일종으로서, 표현 학습의 중요한 개념들 을 살펴본다.

1) 계층화(hierarchy)와 추상화(abstraction)

딥러닝은 여러 개의 계층을 쌓음으로써 표현력을 증가시키 는데, 계층을 증가시킬수록 더 추상적인 표현을 찾게 된다(〈그림 2-4〉 참고). 입력되는 데이터(얼굴 인식의 경우 얼굴 이미지)는 가공되 지 않은 그대로이고, 출력되는 데이터는 가장 추상적인 표현(얼굴 인식의 경우 얼굴 ID)일 때, 계층이 증가될수록 그 추상화의 단계는

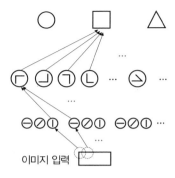

그림 2-4 입력값으로부터 추상적인 표현을 찾아가는 과정
계층이 올라갈수록 추상화의 정도는 높아진다.

세분화되고, 상위층으로 올라갈수록 추상화의 정도가 점진적으로 높아진다. 입력값이 높은 계층으로 올라갈수록 비선형함수들에 의해 점차 정답값으로 변해가는데, 정답값은 사람들이 가지고 있는 추상적인 개념들에 의해 정해지기 때문에, 계층이 올라갈수록 추상화의 정도가 심해진다.

이러한 추상적인 표현은 데이터에서 일어나는 작은 변화들에 강건한 특징(invariance to local variations)을 갖게 된다. 이 같은 추상화 과정은 출력이 이산적인 군집화나 실수와 같은 회귀분석 모두에 동일한데, 입력값 중에 출력값에 영향을 미치는 표현들만 찾아내는 과정으로 이해할 수 있다.

2) 재사용성(reusability, transfer learning)

계층화에 의한 추가적인 장점은 재사용성이다. 주어진 특정

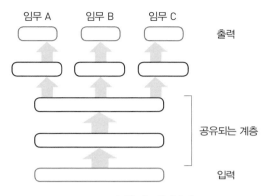

그림 2-5 재사용되는 신경망 예

임무별로 각각의 신경망 전체를 학습하는 것이 아니라 일부를 공유·재사용할 수 있다.
즉 임무 A를 해결하려고 학습된 신경망의 아래 부분은 임무 B의 모델을
학습할 때 재사용될 수 있다.

임무에 필요한 정보를 추출하는 신경망을 학습했을 때, 이와 유사한 다른 임무가 주어질 경우 이미 학습된 신경망을 사용할 수 있다는 뜻이다. 이를 지식전달(knowledge transfer)이라고 하는데, 〈그림 2-5〉에서처럼 각 임무별로 다른 신경망이 구성되지만, 아래 계층은 공유할 수 있다. 이러한 가능성은 위에서 설명한 추상화 과정에서 아래 계층은 매우 원초적 특징들만을 표현하는 만큼 비슷한 임무인 경우 아래 계층에서는 달라질 부분이 거의 없기 때문이다.

이러한 특징은 데이터의 양이 많지 않은 문제를 해결해야 할 때, 비슷하지만 데이터가 많은 문제로부터 학습된 신경망을 재사용할 수 있게 해줌으로써 더 많은 응용이 가능해진다.

2장 딥러닝이란 무엇인가

3) 지역적(local) 표현 대 분산(distributed)표현

데이터를 표현하는 방법은 여러 가지가 있는데, k최근접이웃 (k nearest neighbor, kNN) 등의 방법들은 데이터 각각을 기준으로 표현(지역적 표현)하고, 주요성분분석(principal component analysis, PCA) 같은 방법들은 데이터를 여러 개의 구성요소로 나눠서 표현 (분산표현)할 수 있다. 지역적 표현과 분산표현 방법 중에 어느 것이 좋은지는 경우에 따라 다르지만, 데이터가 여러 개의 구성요소들의 집합으로 이루어진 경우 분산표현이 효과적이다. 예를 들어, 얼굴 이미지는 눈, 코, 입 등으로 이루어지는데, 얼굴을 각 구성요소로 표현할 경우 분산표현을 사용하는 예가 된다. 이때, 지역적 표현은 특정 얼굴 이미지가 다른 이미지들 중에 어떤 몇몇 이미지들과 얼마나 닮았는지로 표현된다. 여기서 지역적이라는 말은 오해되기 쉬운데, 데이터 전체 샘플들 중에 지역적으로 가까운 샘플들만 사용된다는 뜻이고, 분산표현은 여러 개의 변수들에 의해 정보가 분산되어 표현된다는 뜻이다. 분산표현은 더 작은 변수로 더 많은 구역을 표현할 수 있고, 전혀 새로운 데이터에 대한 표현도 가능하다.

4) 희소표현(sparse representation)

희소표현은 분산표현만큼이나 딥러닝 관련 논문에서 자주 등장하는 개념이지만, 지역적 표현과 혼동되기 쉬운 개념이다. 지역

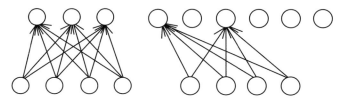

그림 2-6 **압축표현(왼쪽)과 희소표현(오른쪽)**
연결된 선이 없는 경우는 연결강도가 0임을 의미.

적 표현은 희소표현과 관련 없다. 굳이 따지자면 지역적 표현은 굉장히 희소한 표현을 가지는 것이지만, 일반적으로 희소표현이라는 개념은 데이터 샘플들 중 작은 개수의 샘플들에 의해서 표현되는 것을 의미하는 것이 아니라, 분산표현 중 작은 개수의 변수에 의해서만 표현되는 것을 의미하므로 다른 이야기다. 예를 들면 〈그림 2-6〉처럼 PCA는 분산표현이지만 압축표현이고, 비음수행렬분해(non-negative matrix factorization, NMF)의 경우는 분산표현 중 희소표현이다. 즉 희소표현은 분산표현 방법들 중에서 압축표현의 반대되는 개념이다.

희소표현은 신경망을 효율적으로 사용할 수 있게 한다. 신경망의 규모가 클 경우, 연결선들이 많아 데이터를 표현하는 데 낭비되는 경우가 있고 학습 데이터에 너무 치우치는 과적합 문제가 발생한다. 이때 희소표현을 제약으로 사용하게 되면 신경망을 보다 효과적으로 표현하려고 학습 데이터에 너무 치우치지 않게 된다. 주로 학습할 때 L1 norm을 희소표현 제약으로 사용하는 경우가 많은데, 합성곱신경망(convolutional neural networks, CNNs)에서

처럼 처음부터 신경망의 연결선들을 희소하게 구성하는, 구조적 접근법도 있다.

이러한 희소표현은 뇌신경망에서도 관찰되고 있는데, 뇌의 전체 뉴런들 중 매우 작은 부분만이 동시에 활성화(spatial sparseness)되고 각 뉴런은 자주 활성화되지 않는다(temporal sparseness).

5) 다양체(manifold)

다양체학습(manifold learning)은 2000년부터 활발히 연구되었고,[11] 최근 그 연구가 줄어드는 경향이 있지만 그 개념은 딥러닝에서도 여전히 중요하게 사용되고 있으며, 실제 많은 논문들에서 다양체라는 개념을 사용해서 데이터 표현을 설명한다.

데이터의 다양체에 대한 개념은 〈그림 2-7〉처럼 고차원의 데이터라도 훨씬 더 낮은 차원의 다양체에 집중되어 있고 이러한 낮은 차원의 다양체가 고차원의 공간에 포함되어 있다는 가정에서 시작된다. 이러한 가정은 이미지나 음성 등 대부분의 데이터에서 적절하다. 즉, 많은 경우, 데이터가 주어지면 데이터의 다양체를 생각할 수 있고, 이 다양체는 데이터의 변화를 효과적으로 표현하게 된다.

이러한 다양체를 찾는 연구를 다양체학습이라고 하는데, 딥러닝에서 다양체를 찾는 방법은 다소 다르다. 기존의 다양체학습은 변수를 두지 않고 데이터 간의 거리를 가장 잘 보존하는 낮은 차원의 다양체를 찾았지만, 딥러닝에서는 신경망의 연결선을 변수

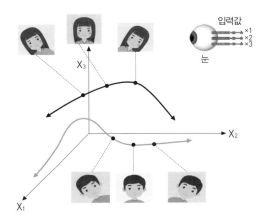

그림 2-7 이미지에 대한 다양체의 예

고차원의 이미지는 낮은 차원의 다양체를 이룬다. 이러한 다양체는 동일한 이미지의 다양한
변화(회전, 위치이동 등)에 의해 만들어진다. 즉 데이터의 변화가 다양체를 만든다.
"A global geometric framework for nonlinear dimensionality reduction"에서 발췌.[12]

로 두고 에너지 혹은 그와 유사한 목적함수를 최소화하는 방법으
로 다양체를 찾아낸다. 사실 딥러닝에서는 다양체를 찾으려고 하
는 것은 아니지만, 결론적으로 좋은 다양체를 찾게 되는 셈이다.

6) 풀기(disentanglement)

딥러닝을 가능하게 했던 사전학습이 분류 문제에서 도움이
되는 이유를 설명하는 다양한 방법이 있겠지만, 설득력 있는 설명
이 바로 풀기이다.

분류는 주어진 데이터에 대한 클래스를 찾아내는 것이다. 각
클래스를 설명하는 요소들은 데이터 곳곳에 녹아 있다. 사전학습

은 섞여 있는 요소들, 즉 클래스를 설명하는 요소들을 풀어내어 클래스를 찾기 쉽게 해주는 것이다. 사전학습에서는 어떤 요소가 분류 문제에 도움이 되는지 알 수 없기 때문에 가능한 모든 요소들을 풀어내는 것이 중요하다. 다양체는 데이터의 변화 중 중요한 부분들만 표현한다면, 풀기는 모든 요소들을 추출하여 표현하는 것이 목표다. 하나의 임무만 주어진 경우라면 노이즈에 해당하는 부분들을 버리는 다양체가 도움이 되겠지만, 다음 임무에서는 어느 것이 노이즈인지 알 수 없고, 따라서 모든 요소들을 다 추출하여 표현하는 것이 도움이 된다.

7) 숨은 지식(dark knowledge)

숨은 지식은 가장 최근에 나온 개념이다. 심층망을 통해 성능이 향상되었지만, 학습된 심층망의 많은 부분이 주어진 임무에 큰 도움이 안 된다는 가정에서 시작한다. 따라서 주어진 임무 해결에 좀 더 작은 신경망이 충분할 수 있다. 하지만 작은 신경망을 처음부터 학습시키면 그만 한 성능이 나오지 않는다는 게 문제인데, 이때 숨은 지식을 활용하면 작은 신경망도 학습이 가능해진다. 〈그림 2-8〉처럼, 심층망을 학습하고 나면, 입력에 대해서 나오는 출력값은 분류에 적합한 정보뿐만 아니라 더 많은 정보를 가지고 있는데, 이를 숨은 지식이라고 한다. 입력에 대한 클래스 정보뿐만 아니라, 그 분포 자체가 더 많은 지식을 표현하고 있는데, 이를 활용할 수 있다는 것이다. 이 숨은 지식을 천층망을 학습하는 타깃

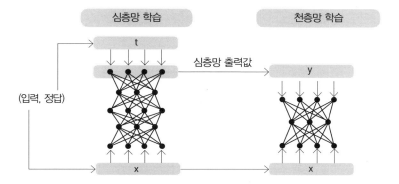

그림 2-8 심층망에서 얻은 숨은 지식을 천층망 학습에 사용
심층망을 학습한 뒤, 입력에 대해서 나오는 출력값은 분류에 필요한 정보뿐만 아니라
더 많은 정보를 가지고 있는데, 이를 숨은 지식이라고 한다.

정보로 활용할 수도 있다. 이렇게 학습된 천층망은 심층망과 비슷한 수준의 성능을 가지게 되는데 결국 비슷한 수준의 성능을 만들면서도 모델의 크기를 줄인 셈이 된다. 이를 모델 압축(model compression)이라고 한다.

8) 딥러닝의 필요성

신경망이 하나의 은닉 계층만 가지고 있어도, 보편 근사기(universal function approximators)로 작동한다는 것은 잘 알려진 사실이다. 이 말은 적절한 인공신경망의 구조를 디자인하고 연결강도를 결정하면 어떠한 함수라도 근사적으로 표현할 수 있다는 것이다.[13] 그렇다면 하나보다 더 많은 여러 개의 계층을 쌓는 것이 어떤 이점이 있는지 설명이 필요하다. 주어진 데이터를 표현하거나 입력과 출력 간의 관계를 충분히 표현하려면 그만큼 모델이 복잡해야 하는데, 천층망에서는 노드의 개수를 증가시키는 것이 유일한 방법이다. 이러한 방법은 계층을 쌓아 올리는 것에 비해 효과적이지 못하다. 즉, 어떠한 신경망이 더 효과적이냐의 질문이 중요하다. 또한 심층신뢰신경망(deep belief networks, DBNs)의 경우 계층을 쌓을수록 모델의 정확도가 좋아지는 것은 이론적으로도 증명된다.

천층망과 심층망의 차이를 설명하기 적절한 간단한 신경망을 예로 들어보자. 〈그림 2-9〉에서 동일한 수의 연결을 가지는 두 가지 신경망 구조의 예를 보여준다. 두 개의 신경망은 변수(연결선의 수)가 같은, 즉 비슷한 복잡도를 가지고 있다고 할 수 있지만, 심층망은 보다 높은 표현 능력을 가진다고 할 수 있다. 이는 x_1에서 y_1으로 가는 길의 개수를 세는 것으로 설명할 수 있다. 천층망에서는 x_1에서 y_1으로 길이 8개 있고 심층망에는 길이 32개 있는데, 이는 심층망이 입력과 출력 사이를 더 많은 방법으로 모델링할 수 있다는 것을 의미한다.

심층망에 대한 생물학적인 연관성도 심층망에 대한 기대를 높인다. SVMs이나 MLPs 등의 천층망이 많은 패턴인식 문제에 성공적으로 적용되어왔지만, 음성인식이나 영상인식에서는 여전히 인간 두뇌의 성능에 미치지 못했다. 따라서 인간의 두뇌에 있는 생물학적 신경망의 원리들을 이해하는 것이 인공신경망의 성능을 향상하는 데 도움이 될 것으로 기대해왔다. 인간 두뇌는 영상

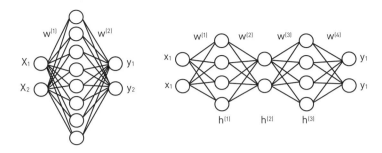

그림 2-9 **총 32개의 연결을 가지는 천층망(왼쪽)과 심층망(오른쪽) 구조의 예**
심층망은 같은 수의 변수를 가지는 천층망에 비해
입력과 출력 사이의 더 복잡한 관계를 모델링할 수 있다.

인식에서 기본적으로 5~10개의 계층을 통해 연산을 수행한다.[14] 즉, 어려운 문제에 대해 심층망의 성공적인 예가 이미 우리 두뇌에서 작동하고 있다는 뜻이다. 또한 매사추세츠공대의 포지오(T. Poggio) 교수나 구글의 미래학자 커즈와일(R. Kurzweil)은 계층적 모델은 인간 수준의 지능을 확보하는 데 필수적인 원리라고 주장한다.[15] 이는 신경망을 더욱 깊이 만드는 것이 인공신경망을 패턴인식 등의 여러 가지 지능적인 업무에 필수적이라는 뜻이다.

6. 주요 알고리즘

딥러닝에는 다양한 모델과 알고리즘들이 있다. 여기서는 그러한 알고리즘들을 세 가지 그룹(구성요소, 생성모델, 판별모델)으로 나누고, 대표적인 알고리즘들 중심으로 간략히 설명한다.

1) 구성요소

심층망을 구성하는 구성요소들은 여러 가지가 있는데, 주로 제한볼츠만기계(restricted Boltzmann machines, RBMs)나 오토인코더(auto-encoders, AEs)가 사용된다. 두 모델의 구조는 〈그림 2-10〉과 같다.

그림 2-10 **RBM 구조 예(왼쪽)와 오토인코더 구조 예(오른쪽)**

RBM은 1986년에 소개된 생성모델이고 최근 딥러닝에 구성요소로 사용되면서 주목을 받았다.[16] 〈그림 2-10〉의 네트워크 구조에서 관측(visible) 노드들은 은닉(hidden) 노드들과만 연결되어 있고, 관측 노드 계층과 은닉 노드 계층 사이의 관계에 기반한 확률모델을 아래와 같이 정의한다. 그리고 학습은 확률을 최대화하는 방향으로 이루어지는데, 경사하강법과 같은 방식으로 유도하지만 정확한 식이 아닌 근사식에 기반한 CD(contrastive divergence)라는 방법을 사용한다.[17]

$$p(v,b) = \frac{1}{Z} e^{-E}(v,b),$$
$$E(v,b) = -v^T W b.$$

오토인코더는 〈그림 2-10〉(오른쪽)에서처럼 간단한 신경망인데, 입력과 출력은 동일하다. 즉, 인코딩 후 디코딩했을 때 원래 입력과 같아져야 한다는 것으로, 인코딩으로 정보의 손실이 최소화되기를 기대한다. 이때, 인코딩 행렬 W에 대해 디코딩은 W의 전치(transpose)로 표현되므로 동일한 변수를 사용할 수 있다. 학습은 복구에러의 역전파에 기반한다. 최근에는 제한된(restricted) 오토인코더가 제안되어 다양한 형태로 사용되고 있다.[18]

2) 판별모델

신경망의 부흥을 이끈 것은 여러 가지 패턴인식에서 기존의 최고 기록들을 경신해온 판별모델이라고 할 수 있다. 힌턴의 초기모델은 RBM으로 초기화한 뒤 역전파로 미세조정하는 모델이었지만, 현재 영상인식에서 가장 많이 사용되는 모델은 합성곱신경망이고,[19] 음성인식 등의 시계열 데이터인식에는 순환신경망(recurrent neural networks, RNNs)이 가장 많이 사용된다. 합성곱신경망과 순환신경망은 1980년대부터 사용되던 모델로서, 사전학습과 같은 기법들을 사용하지 않고, 바로 감독학습으로 학습할 수 있다.

합성곱신경망의 중요한 특징 중 하나는 뇌신경과학적 발견들에 기초한 모델이라는 점인데, 특히 후벨과 비젤(Hubel-Wiesel)의

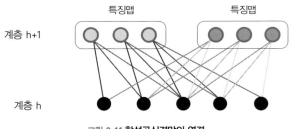

계층 h+1   특징맵   특징맵

계층 h

그림 2-11 합성곱신경망의 연결

각 특징맵(feature map)은 아래 계층과 연결되지만 지역적인 특징을 가진다. 그림에서 계층
h+1의 첫 번째 노드는 아래 계층의 3개 노드와만 연결된다. 또한 이 연결선은 계층 h+1의
두 번째 노드와 공유된다. 같은 색의 연결 선은 같은 변수를 사용하는 즉 공유됨을 의미한다.

단수-복잡 세포라든가, 지역적 감각수용장(local receptive fields),
뽑기(pooling) 같은 개념들은 뇌과학에서 왔다. 합성곱신경망은 이
러한 개념들에 기초하여 지역적 감각수용장을 전체 이미지에 합성곱
(convolution)하여 신경망의 연결강도를 공유하는 방법으로 변수
의 수를 대폭 축소한다(〈그림 2-11〉 참고). 이를 활용하여 후쿠시마
(K. Fukushima)가 1980년대에 네오코그니트론(Neocognitron)을 발
표하고,[20] 1989년 르쿤(Y. LeCun)이 네오코그니트론에 역전파 알고
리즘을 결합하여 합성곱신경망을 완성했다. 합성곱신경망이 사전
학습 없이도 학습 가능한 이유는 이러한 지역적 연결과 공유된 연
결이 역전파되는 에러정보를 사라지지 않게 하고 에러의 분산을
줄이기 때문이다.

합성곱신경망이 영상인식에 최적화된 구조를 가지고 있는 반
면, 시계열 데이터에 대해서는 순환신경망이 적절한 구조를 가지고
있다. 순환신경망은 〈그림 2-12〉와 같이 일반 신경망의 각 계층에

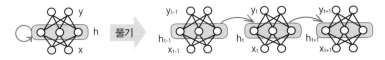

그림 2-12 RNN 학습을 위한 풀기

RNN은 돌아오는 연결로 메모리의 기능을 추가했다. 학습은 돌아오는 연결을 '풀기'의 과정을 거친 뒤 일반 신경망의 학습과 같은 방식으로 수행된다.

서 상위 계층으로 연결뿐만 아니라 한 계층 안에서도 연결을 만드는데, 이러한 돌아오는 연결은 마치 메모리와 같은 역할을 함으로써 데이터의 시간적 변화를 모델링할 수 있게 만든다. 반면, 이러한 돌아오는 연결로 학습은 더욱 어려워진다.[21] 최근에는 긴 단기기억 모델(Long short-term memory, LSTM) 등을 사용하면서 이러한 학습 문제들이 해소되었고, 이를 사용한 순환신경망이 필기체 인식이나 음성인식 분야에서 우수한 성능을 내고 있다.[22]

3) 생성모델

딥러닝 연구 성과의 상당 부분은 감독학습에 기반한 판별모델에서 나온 결과들이지만, 무감독학습의 생성모델도 딥러닝 연구의 큰 축을 이루고 있다. 그뿐 아니라, 생성모델은 인공지능에서도 굉장히 중요한데, 모델이 데이터를 생성해낼 수 있다는 말은 그 모델이 그 데이터를 잘 이해했다고 판단할 수 있는 근거가 되기 때문이다. 초기에는 심층신뢰신경망 모델이 주요 연구 대상이었지만 최근에는 순환신경망, 생성대립신경망(generative adversarial

2장 딥러닝이란 무엇인가

networks, GANs)이나 변이오토인코더(variational auto encoders, VAEs) 등이 많이 연구되고 있다.[23] 여기서는 심층망 중 가장 기본적 생성모델인 심층신뢰신경망(DBN) 모델을 간략히 살펴보고, GAN 의 개념만 간략히 살펴본다.

DBN은 신경망과 같은 네트워크 구조인데 최상위층은 RBM 형태의 무향그래프(undirected graph), 그 아래 계층들은 모두 위에서 아래로 내려오는 유향그래프(directed graph)로 구성된다. DBN 의 학습은 먼저, 사전학습된 RBM들을 쌓은 후, 맨 위층은 RBM 그대로 두고 나머지는 유향그래프로 두고 업다운 알고리즘을 사용하여 미세조정하는 방법을 사용한다.[24] 학습 후 DBN은 학습에 사용된 데이터와 같은 종류의 데이터를 생성해낼 수 있다. 맨 위층에서 노이즈를 생성한 다음, RBM 내에서 반복적 샘플링을 통해 개념이 생성되면 아래로 내려오는 방법, 혹은 맨 아래에 실제 데이터를 넣고 (혹은 노이즈를 넣고) 맨 위층까지 올라간 다음 반복샘플링을 한 뒤 다시 내려오는 방법이 있다. 최상위 계층은 데이터의 개념을 표현한다.

GAN을 설명하는 쉬운 예로 위조지폐조작범과 위조지폐감별사 간의 싸움을 들 수 있다. 조작범이 위조지폐를 "생성"하고 감별사는 위조지폐를 "판별"해내는 게임에서 조작범이 감별사를 속이려고 위조지폐를 더 정교하게 만들면 감별사도 함께 더 정확히 감별해내려고 노력한다. 이런 일련의 작업이 반복되면 조작범의 위조지폐는 실제 지폐와 구분하기 힘들 만큼 유사할 것으로 기대된다. 즉, 〈그림 2-13〉과 같이 생성모델과 판별모델이 서로 최적화

생성모델이 임의의 노이즈로부터 데이터를 생성하여 판별모델을 속이도록 학습하고, 판별모델
은 원본 데이터로부터 생성 데이터를 구분해내도록 학습한다. 학습 후 최종 결과물은 생성모
델이다.

과정을 반복하다 보면 평형상태에 이르고 이때의 생성모델은 데
이터를 생성할 수 있다.

7. 응용 사례

딥러닝을 이용한 사례는 매우 많지만, 여기서는 몇 가지 예
만 살펴본다. 가장 대표적인 예는 2012년 ImageNet 데이터(http://
www.image-net.org/)에 딥러닝을 적용한 이미지 인식이었는데, 이
미지가 주어지면 1000개의 클래스 중 이미지의 정답 클래스를 맞
추는 문제이다. 기존의 최고 성능은 21.9퍼센트였지만 합성곱
신경망을 적용하여 그 성능을 32.6퍼센트로 대폭 향상시켰다.[25]
기존의 수십 년 동안 진행된 컴퓨터 비전 기술들의 성능을 딥러닝
을 적용함으로써 획기적으로 뛰어넘은 것이다.

객체인식과 비슷하지만 좀 더 복잡한 문제인 객체검출의 경
우도 합성곱신경망을 적용함으로써 성능이 개선되었다. 객체검출

그림 2-14 **객체검출의 예**
한 장의 이미지에 여러 객체를 동시에 실시간 검출

은 이미지의 어느 부분에 무슨 객체가 있는지를 알아맞히는 문제
로서 객체인식을 포함하는 문제이다. 최근엔 객체검출의 정확도
가 개선됨과 동시에 1초에 90장을 처리할 수 있을 정도로 속도도
많이 개선되었다(〈그림 2-14〉 참고).[26]

음성인식에 관하여는 2000년 이후 별다른 성능 개선이 없다
가 2010년 전후로 딥러닝에 의해 대폭적인 개선이 있었다. 하지만
이미지 인식에서 합성곱신경망은 이미지로부터 클래스 정보까지
처리하지만 음성인식에서는 아직 전체 시스템에서 일부(음향모델)
만을 딥러닝이 담당하고 있다.[27] 초기에는 심층신뢰신경망 기반의
방식이 주로 사용되다가 최근에는 LSTM 기반 순환신경망 방식이
주목받고 있고, 합성곱신경망을 음성인식에 적용하려는 연구도
계속되고 있다.

다른 기계학습 알고리즘들과 달리, 심층망에 기반한 딥러닝
은 이미지나 음성인식 등의 패턴인식뿐만 아니라 다양한 문제들에

잘 적용될 수 있는데, 언어이해, 다양한 종류의 데이터 처리, 지식 전달, 데이터 생성 등이 그러한 예가 된다.[28] 그중에 대표적인 응용 분야가 기계번역인데, 최근 딥러닝 기반의 기계번역을 신경기계번역(neural machine translation)이라고 한다.[29]

신경기계번역은 입력 언어의 문장을 인코딩하고, 인코딩 결과를 출력 언어의 문장으로 디코딩하는 것으로 번역을 수행한다. 이때 인코딩과 디코딩은 순환신경망을 주로 사용하지만, 최근엔 순환신경망이 아닌 신경망을 사용하는 결과들도 나오고 있다.[30] 번역에서 사용한 기법은 이미지 캡션 생성에도 비슷한 방식으로 적용된다. 캡션 문장의 매 단어를 생성할 때마다 이미지의 특정 영역을 보면서 단어를 하나씩 순서대로 생성한다.[31]

그 외에도 예술 분야로 여겨지는 응용사례들도 있다. 문학상에 근접한 수준의 소설을 쓰기도 하고,[32] 영화 대본을 쓰기도 한다.[33] 또한 사진을 주면 유명한 화가들의 스타일로 변경해주기도 한다(〈그림 2-15〉 참고).[34]

마지막으로 자율주행에서도 활발한 연구가 수행되고 있다. 현재의 상용 모델들은 보행자 인식, 차선 인식, 신호등 인식 등의 여러 인식 모델들이 합성곱신경망 기반으로 수행되고 결과를 해석하는 인공지능 엔진이 차량을 제어한다.[35] 하지만 자율주행 알고리즘에서도 딥러닝의 영역이 점차 확대되고 있고 강화학습이 함께 사용되어 정확도를 향상시키고 있다.[36]

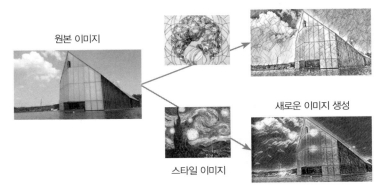

원본 이미지

새로운 이미지 생성

스타일 이미지

그림 2-15 **이미지 스타일 변화 예**
주어진 이미지에 대해 특정 그림 스타일로 변경할 수 있다.

8. 나가며

지난 10여 년간 딥러닝은 컴퓨팅 파워와 빅데이터에 기반하여 많은 개선과 새로운 시도들을 경험해왔고, 지금도 다양한 연구들이 진행되고 있는데, 이러한 연구들 중 주요한 방향은 크게 몇 가지 형태로 요약될 수 있다. 하나는 대규모 모델을 빠르고 효과적으로 학습하는 방법 혹은 모델의 크기를 줄이는 방법 등에 관한 최적화 연구이고,[37] 또 하나는 다양한 사례들에 맞게 신경망 구조를 변형하고 적용해서 성능을 개선하는 연구이다.[38] 여러 개의 GPU를 활용하여 속도를 향상하거나 학습 알고리즘 자체를 개선하는 연구들이 활발히 진행되고 있고, 번역이나 이미지로부터 자막을 자동 생성 하는 영역들에서 딥러닝은 기존 방식들의 성능을 넘어서기 시작했다.[39] 또한 영화대본 작성이나 소설 쓰기 등과 같이 예전에 미쳐 생각하지도 못했던 분야까지 확장되고 있다.

딥러닝은 패턴인식 분야뿐만 아니라 더 넓게는 인공지능 분야를 혁신하고 있다. 하지만 단순히 계층을 깊이 쌓는 것만으로는 마르(D. Marr)에 의해 주장된 수동적 정보처리의 한계를 뛰어넘지는 못한다. 브룩스(R. Brooks)의 주장처럼 인간 수준의 인공지능을 확보하는 데 환경과 상호 작용하는 로봇이 필요하다.[40] 결국 인공지능 분야에서 더 많은 발전을 이루려면 강화학습은 반드시 필요한 기술이고, 최근 강화학습과 심층망을 결합하는 시도들은 중요한 연구 방향이다.

원래 신경망이 뇌신경망으로부터 영감을 얻어 시작되었지만, 뇌신경망과 딥러닝의 신경망은 여러 면에서 다르다. 최근 주목받는 차이는 신경-상징 결합 문제(neural symbolic integration problem)로 설명된다.[41] 뇌는 신경망으로 만들어져 있지만 상징에 기반한 추론이 가능하다. 예를 들어, '사람은 죽는다', '소크라테스는 사람이다'에 대해 '소크라테스는 죽는다'라는 추론이 가능한데, 이러한 추론이 뇌 속의 신경망에서 이루어진다. 하지만 현재의 딥러닝에서는 상징에 기반한 추론은 불가능해 보인다. 인간 수준의 인공지능, 즉 일반 인공지능(general AI)이 가능하려면 뇌과학에 대한 지식이 축적되고 딥러닝의 기술이 더욱 발전해야 한다.

마지막으로, 인간 수준의 일반 인공지능이 가능해지면 인류를 위협할 것이라며 불안해하는 사람들이 많다. 하지만 현재 딥러닝을 연구하는 사람들의 대부분은 인공지능이 인류를 공격하는 것보다는 인공지능의 결함이나 인공지능의 오남용이 더욱 위협적이라고 우려한다. 이러한 시점에서 인공지능의 핵심기술인 딥러닝의 배경과 개념들을 살펴보고 이해하는 것은 매우 중요하다.

2부

인공지능 기술의 실제

3장

인공지능 판사, 어디까지 와 있는가[1]

김경환

1. 들어가며

인공지능이란 스스로 상황을 인지하고 분석한 다음 판단을 하는 소프트웨어를 의미하는 게 일반적이다. 인공지능의 개념을 더 단순화하면 인간의 지능을 모방하여 만든 소프트웨어 정도로 말할 수 있다.

인공지능에 관한 연구는 1950년대부터 시작되었으나, 스스로 판단하고 추론할 수 있어야 한다는 점에서 기술적 한계가 노출되어 몇 차례의 암흑기를 겪었다. 하지만 2000년 이후에 전환점을 맞고 있다가, 최근 클라우드 컴퓨팅 등의 활용으로 인한 컴퓨팅 파워의 향상, 빅데이터의 등장, 머신러닝 등 알고리즘의 발전에 힘입어 사람이 개입하지 않더라도 스스로 학습·추론할 수 있는 수준에 이르게 되었다.

머신러닝은 흔히 스스로의 학습으로 성능을 향상시킬 수 있는 알고리즘을 의미하는데, 머신러닝을 통한 학습 과정은 크게 지도학습(supervised learning)과 비지도학습(unsupervised learning)으로 구분할 수 있다.

지도학습이란 데이터에 조건뿐만 아니라 정답까지 같이 주어지는 방식이다. 예컨대 강아지, 고양이 등의 정답까지 포함하여 학습함으로써 다른 사진들에 포함된 강아지나 고양이 등을 식별하는 학습 방법이다. 반면 비지도학습이란 정답이 포함되지 않은 대량의 데이터를 활용하여 스스로 유사한 유형끼리 묶도록 하는 방식으로서, 예컨대 동물에 대한 대량의 데이터를 제공하면 이를 활용하여 학습하고 유사한 유형까지 묶어서, 나중에 스스로 강아지나 고양이 등을 식별하는 학습 방법이다.

이러한 인공지능을 법률 분야에 활용하는 예는 매우 다양하다. 예컨대 문서를 해석하고 분석함으로써 법조인의 업무를 보조하는 서비스, 복잡한 증거자료를 분석하고 분류하는 서비스, 수많은 자료를 검색하고 분석함으로써 특정 사건에 대하여 예측하는 서비스 등이 그것이다.

그리고 나아가 인공지능 판사란 알고리즘에 의한 재판을 하는 경우 또는 판사의 주된 업무인 사법적 결정(judicial decision-making)을 대신해주는 인공지능을 의미한다. 인공지능 판사는 법정에서 판사를 보조하거나 판사를 대체하여 재판 등의 사법적 결정을 수행한다.

2. 미국의 인공지능 판사의 현황

미국의 여러 주는 일찍부터 형사 사법 알고리즘을 도입하여 사용하고 있지만, 그 구체적인 알고리즘의 내용은 주 또는 카운티에 따라 다르다. 이러한 알고리즘은 개발사 또는 개발기관의 사유재산이기 때문에 주 또는 연방 정부의 법률에 따른 공개 의무가 적용되지 않아 정확하게 알기는 힘들다. 각 주는 대체로 COMPAS(Correctional Offender Management Profiling for Alternative Sanctions, 교정 위반자 관리 프로파일링), PSA(Public Safety Assessment, 공중안전평가) 및 LSI-R(Level of Service Inventory Revised)의 세 가지 기본 시스템 중 하나를 사용한다. 영리를 목적으로 하는 노스포인트(Northpointe)에서 만든 COMPAS는 범죄 참여, 관계나 생활 방식, 성격 또는 태도, 가족 및 사회적 배제와 같은 다섯 가지 주요 영역에서 변수를 평가하고, 캐나다 회사인 멀티헬스시스템스(Multi-Health Systems)가 개발한 LSI-R은 범죄 경력에서부터 성격 패턴에 이르는 다양한 요소의 정보를 수집하며, 로라·존아널드 재단(Laura and John Arnold Foundation)이 개발한 PSA는 매개 변수 집합을 사용하여 피고의 연령 및 범죄 기록과 관련된 변수만을 고려한다.

형사 사법 알고리즘이 개발되어 사용된 기간 동안 그 신뢰성 평가 역시 병행되어왔다. 예컨대 2016년도에 미국의 언론기관인 프로퍼블리카(ProPublica)는, 플로리다주에서 채택한 COMPAS와 동일한 조건을 사용하여 2년 안의 재범 가능성을 확인하는 방식으로 COMPAS 시스템을 테스트했다. 프로퍼블리카는 COMPAS 가 특히 흑인 피고인을 미래 범법자로 표시할 가능성이 백인 피고 인보다 거의 두 배나 높음을 발견했다. 백인 피고인은 흑인 피고인 보다 낮은 위험도로 분류되었다. 그리고 양형에 참고되는 재범 가 능성, 즉 동종 범죄를 다시 저지를 가능성에 대한 예측의 정확도 가 높지 않았다. 즉 경범죄를 포함한 전체 범위의 범죄를 다시 저 지를 가능성으로 볼 때에는 COMPAS 시스템에 따른 재범 가능 성 판단 결과와 실제 결과의 상관관계가 높았지만, 동종 범죄를 실제로 다시 저지르는 비율은 그리 높지 않았던 것이다. 예를 들 어, 폭력 범죄를 저지를 것으로 예상된 사람들의 20퍼센트만 실제 로 그렇게 범죄를 저질렀으며, 재범 후보자 중 61퍼센트는 2년 이 내에 다른 범죄로 체포되었다. 따라서 이를 경찰이 활용하는 데는 한계가 있었다. 프로퍼블리카에 따르면 일부 부정확한 결과는 다 른 국가의 전과 기록을 포함하지 않는 등 부정확한 입력에 기인한 것이었지만, 그 외의 다른 결과는 COMPAS 시스템이 요인을 평가 하는 방법에 기인한 것으로 평가했다(예를 들어, 아동을 성희롱한 사 람이라도 직업이 있는 사람은 낮은 재범 위험으로 평가한 반면, 단순 음주 건이라도 노숙자는 높은 재범 위험으로 평가했다).

참고로 〈표 3-1〉은 미국 각 주가 사용하고 있는 인공지능 판사 의 내역이다.

이 글에서는 인공지능 판사, 즉 인공지능을 활용한 재판 기 술이 어느 정도까지 발전했는지, 어떻게 활용되고 있는지를, 미국 뉴저지주의 PSA 사례를 통하여 분석하고 이를 토대로 과연 인공

표 3-1 미국 49개 주의 인공지능 판사 사용 여부 및 유형[2]

주	사용 여부 / 유형	신뢰성 평가
네바다	사용	수행함
네브래스카	LS/CMI	수행함
노스캐롤라이나	사용	
뉴멕시코	COMPAS	수행함
뉴욕	사용	수행함
뉴저지	사용	
뉴햄프셔	사용	
델라웨어	LSI-R	
로드아일랜드	사용	
루이지애나	LARNA	
마이애미	사용	
메릴랜드	사용	
매사추세츠	사용	
몬태나	Montana Offender Reentry and Risk Assessment tool	
미네소타	사용	
미시간	COMPAS	
미시시피	사용	
미주리	사용	수행함
버몬트	사용	
버지니아	사용	수행함
사우스다코타	사용	
사우스캐롤라이나	사용	
애리조나	PSA	
아이다호	상원 법안에 '위험 평가'가 포함됨	
아이오와	LSI-R	

아칸소	Parole Risk Assessment Tool	
알래스카	사용 권고	
앨라배마	사용	
오리건	Public Safety Checklist for Oregon	수행함
오클라호마	LSI-R	
오하이오	Ohio Risk Assessment System	
와이오밍	COMPAS	
워싱턴	LSI-R	
웨스트버지니아	사용	수행함
위스콘신	COMPAS	
유타	LS/RNR (Risk, Need and Responsively Assessment)	수행함
인디애나	Indiana Risk Assessment System	수행함
일리노이	Service Planning Instrument/LSI-R	
조지아	Georgia Prisoner Reentry Initiative	
캔자스	사용	
켄터키	사용	
캘리포니아	California Static Risk Assessment Instrument (CSRA)—워싱턴주의 LSI-R을 조정함.	수행함
코네티컷	Salient Factor Score	수행함
콜로라도	LSI-R	수행함
테네시	사용	
텍사스	Texas Risk Assessment System	
펜실베이니아	사용	
플로리다	COMPAS	수행함
하와이	LSI-R	

지능 판사가 우리 법정에 도입될 수 있는지를 예측해본다. 그리고 그 과정에서 논쟁이 될 만한 알고리즘에 대한 적법 절차(digital due process) 쟁점을 다루기로 한다.

3. PSA의 알고리즘

PSA는 로라·존아널드 재단이 형사 사법 연구자들과 협력하여 피의자가 제기하는 위험을 판사가 파악하는 데 도움이 되도록 개발한 위험 평가 도구이다. 이 위험 평가 도구는 증거 기반의 중립적인 정보를 사용하여 공판 전에 석방될 경우 피의자가 새로운 범죄를 저지를 가능성을 예측하고 향후 법원 공판절차에 출석하지 않을 가능성을 예측한다. 또한 폭력 범죄를 저지를 위험도 추가적으로 평가한다.

로라·존아널드 재단은 미국 전역의 약 300개 재판관할지에서 발생한 150만 건에 이르는 최대 규모의 다양한 재판 기록을 사용하여 PSA 알고리즘을 만들었다. 즉 기존의 데이터를 분석하여 피의자의 새로운 범죄 행위(new criminal activity, NCA, 재범위험), 새로운 폭력 범죄 행위(new violent criminal activity, NVCA, 폭력재범위험) 또는 공판 전 석방 시 법정에 출두하지 않을 가능성(fail to appear, FTA, 법정불출석)을 가장 잘 예측하는 9가지 위험요인을 결정했다. PSA는 9가지 위험요인에 전적으로 의존할 뿐, 인종·민족 또는 거주지와 같은 요인을 고려하지 않는다. 그 이유는 사회적 편견을 제거하기 위해서다.

위 9가지 위험요인의 내용은 아래와 같다.

1) 체포 시 연령

2) 당해 폭력적 범죄

2-a) 당해 폭력적 범죄 및 20세 이하

3) 범죄 당시의 진행 중인 기소사실

4) 이전의 경범죄 유죄판결

5) 이전의 중범죄 유죄판결

5-a) 이전의 유죄판결(경범죄 또는 중범죄)

6) 이전의 폭력 전과

7) 지난 2년 동안 법정불출석

8) 2년 이상 된 이전의 법정불출석

9) 이전의 구금 사실

피의자의 새로운 범죄 행위, 새로운 폭력 범죄 행위, 공판 전 석방 시 법정에 출두하지 않을 가능성을 판단하는 데는 위 9가지 위험요인을 전부 고려하는 것은 아니고, 각 분석 결과(NCA, NVCA, FTA)마다 더 중요하게 고려하는 요인이 서로 다른데, 그 각 고려 요인은 〈표 3-2〉와 같다.

그리고 위와 같은 각 위험요인을 고려함에 있어서는 가중치 부여 방식을 사용한다. 예컨대 〈표 3-3〉에서 보듯이, NCA 분석 시 체포 당시의 연령이 22세 이하인 경우는 2배 가중되지만 23세 이상

표 3-2 **사전 재판 결과와 위험요인의 상관관계**[3]

○ 표시가 된 위험요인이 해당 분석결과에서 고려되는 요인이다.
예컨대 체포 시 연령은 NCA 분석결과에 강한 영향을 주는 만큼,
체포 시 연령이 22세 이하이면 재범위험이 커진다고 판단한다.

위험요인	FTA (법정불출석)	NCA (재범위험)	NVCA (폭력재범위험)
1. 체포 시 연령	–	○	–
2. 당해 폭력적 범죄	–	–	○
2-a) 당해 폭력적 범죄 및 20세 이하	–	–	○
3. 범죄 당시의 진행 중인 기소사실	○	○	○
4. 이전의 경범죄 유죄판결	–	○	–
5. 이전의 중범죄 유죄판결	–	○	–
5-a) 이전의 유죄판결(경범죄 또는 중범죄)	○	–	○
6. 이전의 폭력 전과	–	○	○
7. 지난 2년 동안 법정불출석	○	○	–
8. 2년 이상 된 이전의 법정불출석	○	–	–
9. 이전의 구금 사실	–	○	–

인 경우는 가중되지 않는다.

가중치에 의한 점수 총계는, FTA의 경우는 최대 7점(1+1+4+1)까지 가능하고, NCA의 경우는 최대 13점(2+3+1+1+2+2+2)이, NVCA의 경우는 최대 7점(2+1+1+1+2)이 가능하다.

그리고 이 가중치에 의한 점수 총계는 그대로 활용되는 것이 아니라, 그 점수 총계를 다시 6개 등급 또는 징표 유무로 구분한다. 즉 〈표 3-4〉와 같이 FTA와 NCA의 경우에는 점수 총계를 6개 등급으로 구분하며, NVCA는 점수 총계를 폭력재범위험 징표의 유무의 2가지로 구분하는 것이다. 예컨대, FTA의 가중치 점수 총계

표 3-3 예상 재범 종류별 위험요인의 가중치 부여[4]

분석결과	위험요인	가중치
FTA (법정불출석)	범죄 당시의 진행 중인 기소사실	No=0; Yes=1
	이전의 유죄판결(경범죄 또는 중범죄)	No=0; Yes=1
	지난 2년 동안 법정불출석	0=0; 1=2; 2 or more=4
	2년 이상 된 이전의 법정불출석	No=0; Yes=1
NCA (재범위험)	체포 시 연령	23 or older=0; 22 or younger=2
	범죄 당시의 진행 중인 기소사실	No=0; Yes=3
	이전의 경범죄 유죄판결	No=0; Yes=1
	이전의 중범죄 유죄판결	No=0; Yes=1
	이전의 폭력 전과	0=0; 1 or 2=1; 3 or more=2
	지난 2년 동안 법정불출석	0=0; 1=1; 2 or more=2
	이전의 구금 사실	No=0; Yes=2
NVCA (폭력재범위험)	당해 폭력적 범죄	No=0; Yes=2
	당해 폭력적 범죄 및 20세 이하	No=0; Yes=1
	범죄 당시의 진행 중인 기소사실	No=0; Yes=1
	이전의 유죄판결(경범죄 또는 중범죄)	No=0; Yes=1
	이전의 폭력 전과	0=0; 1 or 2=1; 3 or more=2

가 5점이면 FTA 5등급에 해당하는 것으로 분류되며, NCA의 가중
치 점수 총계가 5점이면 NCA 4등급에 해당하는 것으로 분류된다.
그리고 NVCA의 가중치 점수 총계는 단지 폭력재범위험의 유무를
나타내는 역할밖에 하지 않는다. 예컨대 점수가 3점이면 징표가

표 3-4 재범 예측 점수와 환산표[5]

FTA 원점수	FTA 6등급 환산	NCA 원점수	NCA 6등급 환산	NVCA 원점수	NVCA 최종 판단
0	1	0	1	0	No
1	2	1	2	1	No
2	3	2	2	2	No
3	4	3	3	3	No
4	4	4	3	4	Yes
5	5	5	4	5	Yes
6	5	6	4	6	Yes
7	6	7	5	7	Yes
		8	5		
		9-13	6		

No 즉 폭력재범의 위험이 없는 경우에 해당하고, 점수가 4점이면 징표가 Yes 즉 폭력재범의 위험이 있는 경우에 해당한다.

나아가 FTA와 NCA의 6개 등급이 각각 무엇을 의미하는지를 살펴보면 다음과 같다.

먼저, FTA의 6개 등급의 의미는 아래 그래프와 같은바, 1등급이면 법정에 출석하지 않을 확률이 16퍼센트인 반면, 6등급이면 법정에 출석하지 않을 확률이 65퍼센트에 이른다고 본다(〈그림 3-1〉 참고).

다음으로, NCA의 6개 등급의 의미는 아래 그래프와 같은바, 1등급이면 재범 확률이 14퍼센트인 반면, 6등급이면 재범 확률이

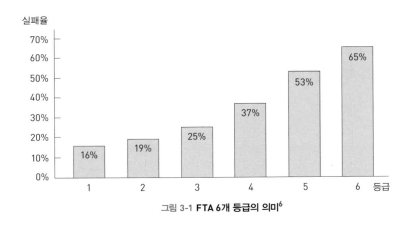

그림 3-1 **FTA 6개 등급의 의미**[6]

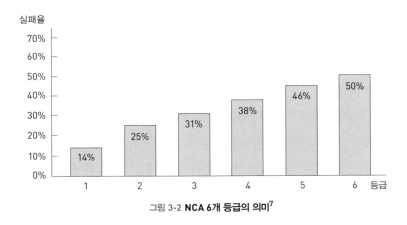

그림 3-2 **NCA 6개 등급의 의미**[7]

50퍼센트에 이른다고 본다(〈그림 3-2〉 참고).

이러한 PSA는 공판 전 석방 절차에 관한 의사결정에서 시작일 뿐이다. PSA 점수가 산정되면 뉴저지주는 의사결정 프레임워크 (Decision Making Framework, DMF)를 사용하고, DMF는 판사에게 구속 또는 석방에 관한 권고안을 작성한다. 그리고 이 DMF에 따라 작성된 권고안도 판사를 구속하지는 못하며 판사는 그 권고안을 적극적으로 참고할 뿐이다. 따라서 판사는 위 PSA의 6등급 결과를 자신의 재판의 보조도구로 활용하는 것일 뿐, PSA가 판사의 재판을 대체하는 것은 아니며, PSA의 6등급 결과와 별개로 판사의 심리가 이루어지는 것이다.

DMF는 4단계 프로세스를 거쳐 권고안을 도출하며, 권고안은 서약을 받고 석방하는 안인 ROR(release on one's own recognizance)과 모니터링을 하는 조건하에 석방하는 안인 PML(Pretrial Monitoring Levels), 그리고 원칙적으로 석방하지 않을 것을 권고하는 Release Not Recommended로 크게 나뉜다.

DMF의 과정을 살펴보면, 첫째, 법원은 FTA 및 NCA 점수와 NVCA 점수를 산출하기 위해 PSA를 완료한다. 둘째, 대개의 경우 법원은 PSA 점수와 상관없이 예방적 구금 권고를 제시하는 상황이나 혐의가 있는지를 판단한다. 피고인이 도주, 살인, 집단 살해, 성폭행, 성폭력, 1급 강도 사건 또는 차량 폭행 혐의로 기소된 경우가 그러한 예다. 또한 NVCA 최종 판단(Flag)이 Yes인 경우에는 석방을 권하지 않으며 만일 석방되더라도 가장 엄격한 조건으로 피고를 석방하는 것이 바람직하다. 셋째, 이러한 경우들에 해당하지 않으면, 법원은 3단계로 나아간다. 세 번째 단계에서 법원은 FTA 및 NCA 등급 점수를 아래의 DMF 매트릭스에 적용하여 위험 수준과 공판 전 석방 절차에 권고안의 예비 제안을 일단 결정한다. 넷째, 법원은 피의자가 법령이 정한 석방 금지 범죄로 기소되었는지 여부를 고려한다. 그러한 경우라면 권고안의 단계가 한 단계 증가한다(예컨대 ROR에서 PML 1로, PML 1에서 PML 2로). 그렇지 않은 경우 예비 제안이 최종 권고안이 된다.

위의 3단계에서 언급한 DMF 매트릭스는 아래 〈표 3-5〉와 같다.

예컨대 NCA 3등급이고 FTA 5등급이면 PML2의 권고안에 해당하며, 만약 법령이 정한 석방 금지 범죄로 기소되었다면 PML3의 권고안으로 올라가는 것이다.

표 3-5 **DMF 매트릭스**[8]

	NCA 1	NCA 2	NCA 3	NCA 4	NCA 5	NCA 6
FTA 1	ROR 11.8% of population	ROR 7.7% of population				
FTA 2	ROR 0.5% of population	ROR 6.9% of population	PML 1 11.7% of population	PML 2 6.4% of population	PML 3 0.1% of population	
FTA 3		PML 1 2.0% of population	PML 1 8.8% of population	PML 2 6.0% of population	PML 3 2.9% of population	Release Not Recommended 0.5% of population
FTA 4		PML 1 0.6% of population	PML 1 1.5% of population	PML 2 3.5% of population	PML 3 4.8% of population	Release Not Recommended 0.9% of population
FTA 5		PML 2 0.0% of population	PML 2 0.4% of population	PML 3 2.0% of population	PML 3 + EM/HD 2.4% of population	Release Not Recommended 1.5% of population
FTA 6				Release Not Recommended 0.1% of population	Release Not Recommended 0.3% of population	Release Not Recommended 1.8% of population

앞서 설명한 것과 같이, 권고안은 서약을 받고 석방하는 안인 ROR과 모니터링을 하는 조건하에 석방하는 안인 PML, 그리고 석방하지 않을 것을 권고하는 안인 Release Not Recommended로 나뉘는데, 이 중 석방을 하는 안인 ROR과 PML의 경우 감독 수준이 여러 단계로 달라진다. ROR의 경우에는 예비 심사관의 면담이나 경찰의 전화 연락 등 어떤 조건도 붙지 않는다. 반면 PML의 경우에는 다양한 수준의 모니터링이 이뤄지는데, PML 1의 경우는 월간 전화보고만 있고, PML 2의 경우는 직접 한 달에 한 번, 전화로 한 달에 한 번 보고해야 한다. PML 3의 경우는 피의자는 매주 직접 또는 전화로 모니터링된다. 다음 단계의 PML 3과 전자 모니터링 또는 가택 감금(통상 PML 3+로 칭함)은 위와 동일한 조건에 더해 활동범위가 집에 국한되거나 GPS 모니터링 장치를 착용해야 한다.

마지막으로, 석방을 권장하지 않는 경우, DMF는 피의자가 심리 전에 억류되어야 한다고 제안하거나, 석방이 허용되면 PML 3+ 하에 석방되도록 한다.

참고로 PSA의 결과에 대해서는 변호인 또는 피의자가 다툴 수 있고 특히 당해 피의자에 대한 다른 경험치를 대입함으로써 PSA의 결과를 형해화할 수 있는 권리가 보장되어 있다.

4. 뉴저지주 형사재판에 활용된 PSA

PSA는 그동안 공판 전 석방 절차에서 유색인종 피의자나 가난한 피의자들에 대한 판사의 편견이 작용했던 것을 극복하고자 한 것이다. 더불어 피의자의 과거 행적에 대한 평가가 아닌 피의자의 미래 행동에 대한 예측 과정에서 판사가 겪었을 판단상의 어려움을 지원해주는 시스템이다.

미국의 여러 주가 수년 전부터 공판 전 석방 절차에서 알고리즘에 의한 평가 시스템을 판사의 보조수단으로서 부분적으로 활용해왔지만, 2017년 초 미국 뉴저지주는 사법개혁의 일환으로 그간 일부 피의자에게만 행해졌던 알고리즘에 의한 평가를 전체 피의자의 공판 전 석방 절차에 대하여 도입하는 파격적인 결정을 내렸다. 뉴저지주의 공판 전 석방 절차 매뉴얼을 통하여 뉴저지주의 PSA 도입 배경을 살펴보면 아래와 같다.

2013년 3월 Drug Policy Alliance는 많은 사람들이 오랫동안 알고 있었던 것을 확인한 연구를 발표했다. 이 조사에 따르면 하루 만에 뉴저지 교도소에서 5,000명이 넘는 사람들이 보석으로 석방될 수 있었지만 보석금을 낼 능력이 없었기 때문에 구금 상태에 있었고, 뉴저지 교도소의 구금자 중 71퍼센트는 흑인과 라틴 아메리카인으로 구성되어 소수 인종에 대한 편견이 구금에 반영되었음을 보여주었다. 그리고 전체 수용자 중 38퍼센트는 보석금이 없어 구금되었고, 12퍼센트는 2,500달러 이하를 지불하지 못하여 구금되었다.

이 보고서에 영향을 받아 2013년 여름 뉴저지 대법원장 스튜어트 래브너(Stuart Rabner)는 법무장관 특별위원회(JCCJ)를 조직하고 위원장을 맡았으며, JCCJ는 보석금 및 신속한 재판과 관련된 문제를 검토하여 개혁이 필요한지 여부를 판단했다. JCCJ는 법원 행정실의 자료를 바탕으로, 기존의 방식 아래서는 가난한 피고인은 석방될 수 없고 실질적 자원을 보유한 더 위험한 사람들의 석방 가능성이 높다고 결론 내렸다. 그는 리스크 기반 접근법의 사용을 통해 공판 전 구금자 수를 줄이면 상당한 비용 절감 효과가 있을 뿐만 아니라 더 자유롭고 공정하고 안전한 사회가 될 수 있다고 보았다.

JCCJ는 궁극적으로 형사 사법 시스템의 중대한 변화를 권고했다. 이보고서를 토대로 2014년 여름에 뉴저지 주지사는 '획기적인 재판관의 사법 공조와 신속한 시범 법안'에 서명하고 2017년 1월 1일부터 시행될 예정인 JCCJ의 많은 권고안을 채택했다. 그중 하나가 바로 PSA 알고리즘에 의한 재판 보조다.

뉴저지주에서 데이터, 분석 및 기술의 사용은 형사 사법 시스템에 중요한 영향을 미쳤다. 위험 평가 도구는 본능과 경험을 기반으로 하는 시스템에서 과학적, 객관적 시스템으로 전환하는 데 큰 역할을 했다. 이를 통해 형사 사법 시스템의 공공 안전 증진, 범죄 감소, 공공 자원의 가장 효과적이고 공정하며 효율적인 사용에 대한 핵심 목표를 발전시킬 수 있었다. 켄터키주 역시 위험 평가 도구를 성공적으로 사용하여 공판 전 구금자의 수가 줄어들었고 공공 안전 및 재판 결과는 일정하게 유지되었다.

2017년 말 뉴저지주는 1년 동안의 통계자료를 공개하였는바,

아래와 같이 구금율이 16.8퍼센트로 나타났다.

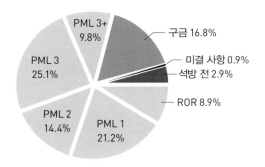

그림 3-3 **2017년 뉴저지주의 구금 현황**[9]

그리고 2017년 7월 31일 기준의 수감자 수는 2015년도의 같은 일자에 비하여 34.1퍼센트 감소하였다.

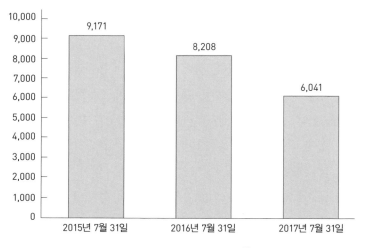

그림 3-4 **뉴저지주의 구금율 추이**[10]

참고로 2017년 코넬 대학의 존 클라인버그(Jon Kleinberg) 교수 등은 머신러닝 등을 활용한 보석 결정은 구속률을 늘리지 않고도 24.8퍼센트만큼 범죄율을 줄일 수 있으며, 범죄율을 늘리지 않고도 42.0퍼센트만큼 수용자 수를 줄일 수 있다는 연구 결과를 발표하기도 했다.[11]

5. 알고리즘에 대한 적법 절차

인공지능에 의한 재판은 알고리즘에 따른 재판인 만큼, 재판의 당사자 입장에서는 알고리즘을 파악하면 적절하게 방어를 할 수 있고 경우에 따라서는 그 약점을 파헤쳐 유리한 결과를 이끌 수도 있다.

또한 알고리즘에 의한 재판 결과가 자신에게 불리하게 나오면 그에 대한 적절한 반박 기회를 제공받고자 하는데, 이를 통상 적법 절차의 변형인 알고리즘에 대한 적법 절차로 표현할 수 있다. 즉 알고리즘에 대한 적절한 공개가 있어야만 선고 결과에 대하여 반박을 할 수 있는데, 알고리즘이 공개되지 않는다면 선고 결과의 타당성에 대한 반박 기회를 상실할 수 있다는 것이 알고리즘에 대한 적법 절차 주장의 핵심이다.

그에 관한 실제 사례를 살펴보면 아래와 같다.

2016년 6월경, 훔친 차량을 이용해 도주하면서 총격을 가한

혐의로 재판에 넘겨져 민간기업의 인공지능 평가 시스템인 COMPAS 위험 평가에 의해 6년 징역형이 권고됐던 에릭 루미스(Eric Loomis)는 미국 위스콘신주 형사법원 판사에 의해 동일한 형이 선고되자 이를 위스콘신주 대법원에 상고했다.

루미스의 상고 이유는, 민간기업의 인공지능 평가 시스템에 따르면 피고인이 장래 폭력과 재범 위험성이 높다고 나왔는데, 인공지능 평가 시스템에 대한 유효성을 평가할 기회를 가지지 못했기 때문에 적법 절차 위반이라는 것이다. 또한 루미스는 COMPAS는 여성과 남성을 위한 별도의 척도를 가지고 있으며, 알고리즘이 성(gender)을 고려하는 방식 때문에 위헌이라고도 주장했다. 그리고 나아가, 이는 개별화된 선고를 하는 것이 아니라 집단에 대한 평가를 특정 개인에게 무분별하게 대입하는 것으로서 잘못된 것이라고도 주장했다.

하지만 위스콘신주 대법원은, 인공지능 평가 시스템이 가진 한계에도 불구하고, 루미스의 인공지능 평가 시스템이 적절하게 사용된다면 적법 절차 위반이 아니라고 하면서 상고를 기각했고 향후 위스콘신주에서 판사가 판단의 보조수단으로 인공지능 평가 시스템을 활용하는 것을 허락했다.

6. 나가며

미국의 사례를 보면, 인공지능 판사가 생각보다 우리 현실에 가까이 와 있음을 알 수 있다.

인공지능 판사가 필요한 이유로는 첫째, 판사의 주관적 오류를 줄일 수 있고, 둘째, 재판 과정에서 발생하는 사회적 편견이나 불합리한 차별을 줄일 수 있으며, 셋째, 판사의 업무 시간을 줄일수 있다고 한다.

하지만 문제는, 인공지능 알고리즘 생성 과정에서 알고리즘 개발자 등에 의한 오류, 사회적 편견이나 불합리한 차별이 내포될수 있는 위험이 있다는 것이다. 인공지능 이용으로 판사에 의한오류나 편견·차별은 줄어들 수 있지만, 통제되지 않은 알고리즘으로 인한 위험성이 중요하게 다뤄져야 한다.

더불어 에릭 루미스 사건에서 볼 수 있듯이, 평가 시스템의 알고리즘에 대한 유효성 평가나 이에 대한 반박 기회를 가지지 못한피고인이 알고리즘에 대한 적법 절차를 주장하면서 그 위반을 내세우는 경우도 있을 것이다.

이와 관련해 2018년 5월부터 시행 예정인 유럽연합의 일반개인정보보호규칙(GDPR)은 프로파일링을 포함해 자신에 관한 법적효력을 주거나 유사하게 자신에게 중대한 영향을 미치는 자동화된 처리에만 근거한 결정에 따르지 않을 권리를 인정하고 있다(제22조). (이 외에도 유럽연합의 GDPR은 알고리즘에 대한 인적 개입이나 알고리즘에 의한 결정에 대하여 설명받을 기회를 가질 권리도 인정하고 있다.)

물론 법령에 의해 진행되는 재판의 경우는 통상 피의자·피고인이 이러한 권리를 주장할 수 없다. 그러나 향후 예상되는 인공지능 활용에서는 당연히 다뤄져야 할 문제이다.

향후 인공지능 판사의 도입 및 그 활용에서, 첨예한 논쟁과 심각한 사회적 대립이 불가피할 것으로 예상된다. 많은 전문가들이 판사를 대체하는 인공지능의 실현에는 회의적이지만, 판사의 보조수단으로서 인공지능의 활용은 길지 않은 시간 안에 실현될 것으로 보인다. 따라서 판사들도, 국민들도 그에 대한 대비를 미리 해야 할 것이다.

인공지능 시대의 책임과 윤리
IBM 사례를 중심으로

이성웅

1. 들어가며

우리 사회는 지금 인공지능으로 대표되는 지능정보 기술이 경제사회 시스템 전반에 걸쳐서 혁신과 변화를 주도하는 4차 산업혁명 시대의 초입에 들어서 있다. 이와 관련하여 국내외 많은 전문가들은 인공지능, 빅데이터 등에 기반한 4차 산업혁명의 진전을 통해 인류의 삶이 윤택해지고 풍요로워지는 사회가 구현될 것이라고 전망한다. 그러나 다른 한편에서는 인공지능 기술의 발달로 기계에 대한 의존도가 심화되어 예상치 못한 부작용과 오남용으로 갖가지 역기능이 초래될 것을 염려하기도 한다.

4차 산업혁명을 대비하는 현 시점에서 인공지능 기술에 대한 막연한 두려움을 해소하고 이를 예방하기 위한 새로운 윤리규범의 정립이 시급하다. 이는 우리 사회의 새로운 도약을 위한 중요한 기초 작업이 될 것이다.

이 글에서는 인공지능 윤리에 관한 국내외 기존 논의와 사례를 검토한다. 또한 왓슨(Watson)이라는 브랜드로 세계에서 처음으로 인공지능을 상업적 서비스로 제공하기 시작한 IBM이 인공지능과 그 윤리에 관하여 어떻게 접근하고 실행하고 있는지를 살펴본다. 이를 통해서 현재 발전 단계에 있는 인공지능 기술에 관하여 기존과 같은 법과 규제를 중심으로 한 거버넌스를 보완하여 기업의 자율적인 윤리 원칙의 수립과 내재화를 통해서 새로운 거버넌스가 형성되고 작동될 수 있다는 측면을 검토하고자 한다. 또한 이것이 우리 사회의 인공지능 정책에 어떤 시사점을 갖는지 논의한다.

2. 인공지능 규범에 관한 접근 방식

그간 인류사회는 인공지능 기술의 확산에 따라서 인공지능 기술의 사회적 수용과정에서 형성되는 가치관, 태도, 관점에 관하여 다양한 논의와 연구를 진행해왔다. 지금까지 규범적 대응방식은 주로 크게 두 가지다. 첫째는 윤리적 접근 방법으로서 인공지능에 관한 윤리적 연구와 개발방법 그리고 윤리적 행위 지침 등을 설정하는 방식이다. 로봇윤리론, 로봇설계, 데이터 윤리에 관한 논의 등이 이에 해당한다. 둘째는 법제도적 접근이다. 인공지능 산업 진흥과 그 규제를 위한 법과 제도를 어떻게 고안할 것인가에 관한 고민이다. 인공지능에 관한 기본법 제정이나 개별법의 개정 또는 관련 부처의 '가이드라인' 제정으로 대응하는 방식이다. 대체로 이 두 가지를 혼합하는 방식, 즉 사전예방 관점에서 윤리 규범과 법제도적 접근을 절충하거나 혼합하는 방식을 채택하려는 시도가 증가하고 있는 것으로 보인다.

그러나 인공지능 등 기술혁신의 사회적 영향평가 체계가 아직 충분히 확보되지 않은 상황이고, 또한 관련 기술의 발전 경로와 형식이 불확정적이고 다양하다는 점, 특히 인공지능 기술에 의한 사회변화의 예측이 어렵다는 점에서 윤리적 논의가 선행될 필요가 있다. 즉, 인공지능의 개발자, 공급자, 사용자 등이 함께 참여한 공동체에서 충분한 공론화가 선행될 필요가 있다는 것이다. 일사분란한 법체계를 수립하기에 앞서 인공지능에 의한 사회의 복합적 변화에 대비한 다양한 윤리적 논의와 대응방식을 수립하는 것이 필요하다. 이를 통해서 우리 사회 현실에 맞는 윤리적 논의의 틀을 정립하고, 인공지능 기술개발과 그 적용의 글로벌화를 고려하여 국제사회의 동향이나 모범사례와도 잘 조화시킬 필요가 있다.

1) 왜 윤리적 접근이 선행되어야 하는가?

미국과 유럽연합 등 주요국을 중심으로 인공지능 기술의 사회적 활용이 높아지면서 법적 책임 소재와 권리의 범위에 혼선이 발생할 것으로 예상되어 법제도적 검토가 수행되고 있다. 그러나 이에 앞서 인공지능 기술의 윤리적 평가와 개발에 관한 논의가 선행되어야 한다.

이는 인공지능 등의 기술이 지닌 방대한 데이터, 알고리즘 복잡성으로 인해 통제와 예측이 쉽지 않고 또한 알고리즘의 의도하지 않는 차별과 편견의 개입에 따른 피해 요인을 인지하기도 쉽지 않기 때문이다. 특히 알고리즘 기술에 의해 인종이나 종교와 같은 인간의 편견이 인공지능에 학습되고 프로그래밍 될 수 있으므로 알고리즘 개발 단계에서의 도덕적 제어 장치가 필요하다.

따라서 개발자, 사업자, 법률가 등 전문가 주도의 입법적, 정책적 대응에 맡기기보다는 기술 개발과 활용 과정에서 제기되는 다양한 윤리적 이슈들에 대해 일반 시민들도 이해하고 참여할 수 있는 사회적 논의 수준이 어느 정도 성숙될 필요가 있다. 그리고 이러한 윤리적 논의 틀의 형성과 윤리적 이슈에 대한 검토를 통해서 향후 발생할 수 있는 각종 위험과 사고에 따른 법적인 책임과 합리적 보상체계를 정립하기 위한 법과 제도의 중요한 원칙과 기준을 마련할 수 있을 것이다.

2) 인공지능 관련 윤리적 프레임워크 사례

인공지능 기술의 발달과 향유를 통해 인류사회에 커다란 진전과 복지를 달성할 수 있다는 주장과 함께 일부에서는 인공지능, 로봇, 소프트웨어의 알고리즘에 의해 의도하지 않은 차별성, 편향성, 편협성 등의 위험과 사고 그리고 오남용의 사례가 발생할 수 있다는 주장도 지속적으로 제기되어 왔다.

　인공지능 기술을 활용한 주식시장에서 예상치 않은 주가의 폭락,[1] 인공지능 음성서비스의 오류, 디지털 게리멘더링,[2] 선거에서의 여론조작,[3] 인터넷 극단주의, 인종 차별 등의 사례가 실제로 나타났거나 그 위험성이 지적된 바 있다. 이에 인간과 로봇 또는 로봇이 매개된 인간과 인간 사이의 바람직한 관계 정립을 위해 기술규범이 필요하다는 측면에서 다양한 논의가 진행되어 왔다. 이는 '로봇과 인공지능 알고리즘의 자율성' 그리고 '인간생명의 존엄성과 통제권'이라는 두 가지 '가치' 사이에서 논의되어왔다고 볼 수 있다.

　인공지능에 관한 윤리적 프레임워크 논의의 대표적 사례로는 아시모프의 '로봇3원칙'(1942), 일본의 '세계로봇선언문'(2004), 유럽연합의 '로봇윤리로드맵'(2007), 영국 EPSRC '로봇윤리5원칙'(2010), 한국의 '로봇윤리헌장'(2007), IEEE의 '윤리적으로 조율된 설계'(Ethically Aligned Design, 2016),[4] 아실로마 '인공지능 23원칙'(2017) 등이다.

　1940년대 미국의 작가 아시모프의 로봇3원칙 이후 로봇과 인공지능 알고리즘의 윤리적 설계가 과학자, 개발자 간의 중요한 행위의 원칙으로서 논의되어 왔다. 이 원칙은 1942년작 단편 「런어라운드(Runaround)」에서 처음 소개되었다. 이 책에 언급된 "서기 2058년 제56판 로봇공학의 안내서"에서 든 세 가지 원칙은 다음과 같다. 첫째, 로봇은 인간에게 해를 가하거나, 혹은 행동을 하지 않음으로써 인간에게 해가 가도록 해서는 안 된다. 둘째, 로봇은 인간이 내리는 명령에 복종해야만 하며, 단 이러한 명령이 첫 번째 법칙에 위배될 때에는 예외로 한다. 셋째, 로봇은 자신의 존재를 보호해야만 하며, 단 그러한 보호가 첫 번째와 두 번째 법칙에 위배될 때에는 예외로 한다.

최근의 논의로서 특이할 만한 사례는 윤리적 블랙박스(ethical blackbox)라는 개념이다. 2017년 8월 영국 브리스톨대학교 로봇연구소의 앨런 윈필드(Alan Winfield) 교수 연구팀이 제안한 개념이다. 항공기의 비행데이터 기록장치와 같이 문제가 발생하기 이전에 행해진 결정과 조치의 순서를 규명할 수 있도록 모든 인공지능 자율시스템 내에 블랙박스 장치를 설치하도록 의무화해야 한다는 주장이다.[5]

3. 주요 국가의 인공지능 윤리 대응 동향

주요 국가에서 자율주행자동차 등 개별 분야에서 실험과 상용화를 위한 법제화의 움직임도 있다. 그러나 '로봇법' 또는 '인공지능법' 등과 같은 기본법에 관한 본격적 논의보다는 인공지능 기술의 사회적 합의와 수용성 제고를 위한 방안으로 '헌장'이나 '가이드라인'의 형식으로 윤리적 접근을 진행하고 있는 것으로 판단된다.

1) 미국

미국 오바마 행정부는 2016년 3월, 빅데이터 분석과 머신러닝에 의한 차별 위험성에 대한 사전예방 차원의 윤리적 가이드라인을 제시했다.[6] 빅데이터 알고리즘이 학습 데이터의 왜곡이나 부족 또는 편견으로 인해 잘못된 윤리관을 학습할 가능성이 있고 이로 인해 의도하지 않은 차별적인 결과를 초래할 수 있다는 문제의식에 따른 대응이었다. 또한 머신러닝과 알고리즘 내부 작용에서도 결함과 이로 인한 위험이 초래될 수 있으므로 사전 예방 차원에서 가이드라인을 제시했다.

미국 백악관 과학기술정책부는 인공지능에 대한 규제원칙 및 윤리 규범 마련을 위한 사전작업의 일환으로 주요 전문가들과 일련의 워크숍을 진행했다.[7] 이를 바탕으로 일련의 인공지능 미래 전략 보고서 3부작을 2016년 발표한 바 있다. 이는 인공지능 윤리의 사회적 공론화 측면에서 의미가 크다고 판단된다.

미국에서는 산업, 학계 등 민간의 인공지능 전문가들을 중심으로 현재 약한 인공지능 기술이 사회에 미치는 영향을 이해하는 것이 강한 인공지능의 위험성을 우려하는 것보다 더욱 중요하다는 데 공감대가 형성되어 있다. 인공지능 연구개발이 법적 공백 상태에서 이루어지고 있다는 점을 인식한 이들은 정부와 의회를 향해 현존하는 약한 인공지능 기술에 관한 규제체계의 정립, 데이터 규제(특히, 기업의 데이터 수집, 처리 및 이용행위 규제), 사고발생 시 책임소재, 인공지능 전체에 대한 규제 패러다임 형성 등의 도전적 과제를, 미래에 이 기술이 빠르게 확장될 수 있다는 사실을 고려하여 조속히 다루어야 한다고 권고한다. 또한 이들은 인공지능 기술의 이용방식에 관해 공론화를 추진하여 사회적 합의를 도출하고, 인공지능 관련 의사결정에 과학자들을 참여시켜야 한다고 주장한다. 약한 인공지능과 관련하여 미국의 민간 전문가들이 주목하는 시급한 이슈들은 크게 네 가지로 정리된다. 빅데이터 관리 문제, 프라이버시 보호 문제, 인간의 기계의존성 문제 그리고 일자리 문제이다.[8]

2) 유럽연합

유럽연합의 경우 2007년 유럽로봇연구네트워크(EURON)가 ICRA에서 발표한 '로봇윤리 13원칙'이 인공지능 기술 규범의 중요한 전환점을 제공한 것으로 평가된다. '로봇윤리 13원칙'의 주요 내용은 다음과 같다.[9]

— 인간의 존엄과 인권(human dignity and human rights)
— 평등, 정의와 형평성(equality, justice and equity)
— 이익과 손해(benefit and harm)
— 문화적 다양성과 다원성에 대한 존중(respect for cultural diversity and pluralism)
— 반차별과 반낙인화(non-discrimination and non-stigmatization)
— 자주성과 개인적 책임(autonomy and individual responsibility)

— 고지에 입각한 동의(informed consent)

— 프라이버시(privacy)

— 신뢰성(confidentiality)

— 연대와 협력(solidarity and cooperation)

— 사회적 책임감(social responsibility)

— 이익의 공유(sharing of benefit)

— 생물권에 대한 책무(responsibility towards the biosphere)

유럽연합은 또한 2012년 3월부터 정보화 연구개발 프로그램 FP7(7th Framework Programme)의 재정 지원 계획에 따라 로봇의 윤리적 개발 원칙을 정립하기 위해 '로봇법 프로젝트(RoboLaw Project)'를 2년간 추진했으며 그 후 2014년 9월에 로봇규제에 관한 가이드라인(Guideline on Regulating Robotics)을 제정했다. 자율주행 차량, 수술용 의료로봇, 로봇 인공기관, 돌봄 로봇 등에 대하여 각각 준수해야 할 가이드라인이다.

2016년 5월31일 유럽의회 '법사위원회(the Committee on Legal Affairs)가 '로봇법 법제화를 위한 기본 방향과 가이드라인'을 제시한 바 있다.[10] 동 위원회는 개인정보 보호, 로봇윤리헌장 등 로봇의 개발과 확산에 따라 제기되는 법적, 윤리적 문제에 대한 체계적인 법제화 방향을 담은 결의안을 2017년 2월 유럽연합 집행위원회에 제출하기도 했다.[11] 동 가이드라인은 민간이용을 위한 로봇기술과 인공지능의 개발에 관한 일반 원칙으로서 지능형 자동로봇의 개념과 유형을 정의하고, 로봇등록제도의 도입을 권고하고

4장 인공지능 시대의 책임과 윤리: IBM 사례를 중심으로

있다. 또한 로봇의 사회적, 윤리적 연구와 이에 대한 투자를 제안하고 있다. 로봇기술헌장의 내용으로서 인간의 이익 우선, 인간에 대한 해악 금지, 인간의 자율성 보장, 공정한 이용을 통한 정의 실현, 기본권 존중, 사전예방 원칙, 포괄적 프라이버시 존중, 가역성 등의 원칙하에 개발자와 이용자를 위한 윤리 헌장 마련을 제안하고 있다. 기술적, 윤리적, 규제적 전문성을 제공하고 다양한 기회와 도전에 적절하게 대응하기 위해 로봇기술, 인공지능 규제를 위한 기구의 창설을 요청하고 있다는 점도 주목할 필요가 있다.

한편 유럽연합의 개인정보보호규정(General Data Protection Regulation)은 알고리즘 투명성과 관련해서 프로파일링 등 자동화된 개인적 의사결정에 대해서 '설명을 요구할 권리'를 적극 포함하고 있다. 동 규정 제13조 제2항 (f)호의 프로파일링 관련 내용을 보면, "제22조 제1항 및 제4항에 언급된 프로파일링을 포함한 자동화된 의사결정의 존재, 그리고 적어도 그러한 경우, 이에 사용되는 로직에 관한 의미 있는 정보와 해당 처리가 정보 주체에 대해 갖는 중요성과 예상 결과"를 정보 주체에게 추가적으로 제공해야 한다고 규정하고 있다. 데이터 주체는 알고리즘에 의해 자동화된 결정에 종속되지 않고 그 결정 과정에 대한 설명과 반론을 제기할 권리가 있음을 천명하고 있다.

3) 일본

일본은 인공지능과 로봇 등 4차 산업혁명의 핵심기술과 산업을 진흥시키기 위해 총괄적 대응을 하고 있다. 일본 경제재생본부를 중심으로 내각부, 총무성, 문부과학성, 경제 산업성 등 관련 부처들이 로봇과 인공지능에 관한 국가 전략 및 프로젝트를 적극 추진하고 있다.

2017년 3월 24일, 일본 내각부는 인공지능과 인간 사회에 관한 간담회를 개최하여 인공지능이 인간 사회에 지니는 영향과 관련해 제기되는 주요 논점과 사례를 통해 인공지능의 규범적 논의를 정리한 바 있다.[12] 윤리적 논점에서는 인공지능 기술의 발전에 따른 인간과 인공지능 기술의 관계성과 윤리관의 변화 양상, 인공지능 기술에 의해 무의식적으로 감정, 신조, 행동이 조작당하거나 차별화될 가능성, 인공지능 기술에 관여하는 행위와 가치관 및 인식의 다양성에 관하여 논의를 정리했다. 특이한 점은 이 논의에서 능력이나 감정을 포함한 인간관의 재인식에 관한 논의도 포함되었다는 점이다. 법적 논점에서는 인공지능 기술에 의한 사고 등의 책임 분배 명확화와 보험제도의 정비, 개인정보와 프라이버시 보호를 포함한 빅데이터 이용과 활용, 인공지능 기술을 활용한 창작물 등의 권리 검토 등의 논의가 이루어졌다. 경제적 논점에서는 인공지능 기술에 의한 업무나 일하는 방식의 변화, 인공지능 기술의 이용과 활용에 따른 고용과 기업의 변화 등에 대한 논의를 정리했다.

한편 2016년 4월 29~30일 일본에서 열린 주요 7개국(G7) 정보통신장관 회의에서 일본 정부는 인공지능 연구 및 개발에 관한 국제규칙 제정 및 산학관 회의 창설을 제안하고, G7 국가들은 인공지능 연구개발 통일기준을 마련한다는 계획을 발표한 바 있다.[13] 당시 일본 정부는 '인공지능 연구개발 8원칙'을 발표한 바 있는데 투명성의 원칙, 사용자 지원의 원칙, 통제력의 원칙, 보안성의 원칙 등을 담고 있다. 이 중 투명성의 원칙(principle of transparency)은 인공지능 네트워크 시스템의 동작을 설명하고 검증하는 기능을 확보해야 한다는 원칙이다. 사용자 지원의 원칙(principle of user assistance)은 인공지능 네트워크 시스템이 사용자를 지원하고 적절하게 선택하는 기회를 사용자에게 제공할 수 있도록 배려해야 한다는 내용을 담고 있다. 통제력의 원칙(principle of controllability)은 인간이 인공지능을 제어할 수 있어야 한다는 원칙이며, 보안성의 원칙(principle of security)은 인공지능 네트워크 시스템의 안정성과 신뢰성을 확보해야 하며, 악의가 있는 사람에게 점령당하지 않도록 사이버 공격을 방지할 것을 내용으로 담고 있다.

한편, 일본 총무성 산하의 AI네트워크사회추진회의 사무국에서는 2016년 12월 28일 전문가들의 의견수렴을 통해 일본 정부 차원의 본격적인 인공지능 개발윤리 가이드라인을 제시한 바 있다.[14] 가이드라인에서는 협력, 투명성, 이용자 지원, 제어가능성, 보안확보, 안전확보, 개인정보보호, 윤리, 책임 등 인공지능 연구개발의 주요 원칙들을 제시하고 있다. 이 외에도 민간 차원에서 일본의 인공지능학회가 인공지능의 윤리적 이슈에 대한 사회적 공론화는 물론 인공지능 윤리 가이드라인을 제정하여 제시[15]하고 있다. 인류에의 공헌, 법규제의 준수, 프라이버시 존중, 공정성, 안정성, 성실한 행동, 사회적 책임, 사회와의 대화 및 자기계발, 인공지능 윤리 준수 요청 등을 주요 내용으로 다루고 있다.

4) 한국

우리나라의 경우 정부의 지능정보사회 중장기 종합대책(2016. 6. 12) 이후 다수의 지능정보 사회 관련 법안이 국회에서 발의된 바 있다. 지능정보사회 기본법안(2017.2.23), 디지털기본산업기본법안 (2017. 3. 7), 제4차 산업혁명 촉진 기본법안(2017. 3. 30) 등 기본법 이 발의되었다. 한편으로는 ICT 특별법이나 SW 진흥법 등 개별법 의 개정을 통한 산업 진흥도 모색되고 있다.

그러나 기존의 ICT 관련 법률이 다양하고 부처별로도 산재해 있는 상황에서 지능정보사회 관련 법제 이슈가 범람하는 것은 새 로운 규범체계의 사회적 합의를 어렵게 만들 수도 있을 것으로 생 각된다.

한편, 산업통상자원부의 '지능형 로봇개발 및 보급촉진법' 제 18조에서는 '지능형 로봇윤리헌장의 제정'을 명문화하고 있다. 국 회에서 박영선 의원은 2017년 7월 19일 '로봇기본법안'을 대표 발 의했고, 이 법안은 로봇과 로봇관련자가 준수해야 할 로봇윤리 규 범을 명문화하고 관련 정책 추진기구의 설치를 제안하고 있다. 이 밖에도 국회에서 다양한 기본법 제정 또는 기존의 관련 개별법 개 정을 통한 인공지능 윤리의 법제화 논의가 이루어지고 있다.

정부에서도 과학기술정보통신부가 '지능정보사회 기본법' 제 정 방안을 연구하고 있으며 이를 통해 지능정보사회 기본법의 제정

4장 인공지능 시대의 책임과 윤리: IBM 사례를 중심으로

을 추진하고 있다. 또한 과학기술정보통신부는 단독 혹은 관계부
처와 함께 인공지능 안정성 관련 연구 및 제도 정비에 관한 연구,
인공지능 관련 법적 책임 연구, 인공지능 윤리 관련 연구, 데이터
재산권 관련 연구, 지능정보기술 산출물 관련 지식재산법 연구 등
을 추진하고 있다. 이 밖에도 관련 학회 등을 중심으로 인공지능
의 윤리적 설계 등 연구개발 책임윤리 등도 논의하고 있다.

현재 국회와 정부의 지능정보사회에 대비한 규범적 대응은
주로 법제도적 접근에 중점을 둔 것이며, 각종 학회의 윤리적 대
응 또한 과학자, 법학자, 철학자 등 교수들과 전문가 집단 주도로
진행되고 있다. 그러나 기업, 시민사회 등이 광범위하게 참여하는
사회적 논의와 대응이 보완되어야 할 것으로 판단된다. 아울러 인
공지능 이용자의 오남용으로 인한 사회적 피해를 예방하거나 감
소시킬 수 있는 지침의 개발과 교육 프로그램의 논의도 병행되어
야 할 것이다. 또한 앞서 살펴본 바와 같이 국제사회의 정부와 민
간 차원에서 다양한 인공지능 윤리 거버넌스가 형성되고 있는데,
이러한 국제사회의 논의에도 한국이 적극 참여하여 협력을 도모
할 필요가 있다.

4. IBM의 인공지능 윤리 규범 사례

왓슨이라는 브랜드로 전 세계에서 처음으로 인공지능을 상업
적 서비스로 제공하기 시작한 IBM은 2016년에 인공지능 시대의

책임과 윤리에 관한 백서(Whitepaper)[16]를 대내외에 발표한 바 있다. 2017년 1월에는 인공지능 시대에 준수해야 할 회사 차원의 기본적인 윤리 원칙[17]을 선언하였다. 또한 2017년 10월에는 인공지능 시대의 가장 중요한 자원인 데이터에 관한 IBM의 책임 원칙[18]을 밝히고 이의 준수를 선언했다. 이 절에서는 IBM의 인공지능 및 데이터에 관한 일련의 백서와 윤리 원칙들에 담긴 논리와 내용을 소개하고자 한다.

인류사회는 전도유망한 신기술이 탄생하는 새로운 시대의 초입에 들어서 있다. 이러한 기술은 지난 반세기 동안 IT 업계에서 프로그래밍을 통해 만들어온 시스템과 근본적으로 다르며, 그 차이의 정도는 프로그래밍을 통해 만들어온 시스템과 그에 앞서 만들어진 천공 계산기(tabulator) 간 차이의 정도만큼 크다. 일반적으로 인공지능이라고 일컫는 이 새로운 세대의 기술과 그에 기반하여 작동하는 시스템은 곧 삶과 업무의 모든 측면에 영향을 끼칠 것이며, 더 나은 방향으로 삶과 업무의 모습을 빠르게 변화시켜 나갈 잠재력을 가지고 있다.

이는 인공지능 시스템이 모든 형태의 데이터를 받아들이고 처리할 수 있고, 이러한 데이터들은 유례없이 빠른 속도로 생산되고 있기 때문이다. IBM의 왓슨과 같은 인공지능 시스템(cognitive system)은 이러한 데이터를 바탕으로 가설을 세우고 판단을 내리는 식으로 추론을 할 수 있다. 가장 중요한 점은 이러한 시스템이 단순히 프로그래밍된 것이 아니라 시스템 스스로 학습하며 발전한다는 데에 있다. 이러한 학습은 시스템 자신의 경험, 인간과의

4장 인공지능 시대의 책임과 윤리: IBM 사례를 중심으로

상호작용 그리고 자신의 판단에 따른 결과로부터 이루어진다. 이전의 모든 혁신적인 기술들이 그러했듯 인공지능 기술은 중요한 시사점을 갖는다. 인공지능 기술과 관련하여 제기되는 많은 질문은 현재 시점에서는 답을 찾을 수 없으며, 답을 찾기 위해서는 많은 시간과 연구, 그리고 열린 토론이 필요할 것이다.

IBM은 100년 넘게 혁신적인 기술을 발명하고 소개해 왔으며, 이들을 안정적으로 도입하고 사용할 수 있도록 하는 과정에서 학습한 바가 있다. 이러한 경험은, IBM이 개발하는 기술에 대하여 가이드라인을 제시하는 원칙을 수립하는 것이 실용적이고도 현명한 것임을 깨닫게 해주었고, 또 어떻게 그러한 원칙을 수립해야 하는지도 가르쳐주었다.

IBM은 "인공지능(artificial intelligence)" 대신 "증강지능(augmented intelligence)"을 지향하고 있다. 증강지능은 인간의 전문성을 개선, 강화, 확장하는 데 주력하는 시스템이다. 이런 면에서 인간의 지능을 복제하는 것으로 인식되는 인공지능과 중요한 차이점을 갖는다. (그러나 이 글에서는 우리사회에서 통상 사용하는 용어인 "인공지능" 혹은 "AI"이라는 표현을 그대로 사용하고자 한다.)

방대한 양의 복잡하고 모호한 정보를 어떠한 통찰력으로 변환하는 AI 시스템의 기능은 인류의 오래된 비밀을 밝혀내고 세계의 가장 고질적인 문제를 해결할지도 모른다. AI 시스템은 질병을 치료하고 날씨를 예측하고 글로벌 경제를 운영하기 위한 통찰을 발견하는 데 쓰일 수도 있는, 의심할 여지없이 강력한 기술이다. 따라서 다른 모든 강력한 기술과 마찬가지로 그 개발 및 보급에 각별한 주의를 기울여야 한다.

사회에서 AI 시스템의 혜택을 누리기 위해서는 먼저 AI 시스템을 신뢰해야 한다. 은행의 현금자동입출금기가 현금을 입금하면 이를 통장에 등록하고, 브레이크를 작동하면 자동차가 멈춘다는 것을 우리가 믿게 되었을 때처럼 반복 경험을 통해 적정 수준의 신뢰가 확보되어야 한다. 요컨대 우리는 우리의 예상대로 작동하는 대상을 신뢰한다는 것이다.

AI 시스템을 안전하고 윤리적으로 관리할 수 있도록 지도할 수 있는 거버넌스가 필요하다. 여기에는 사회적 규범 및 가치 존중, 알고리즘의 책임, 기존 법률 및 정책 준수, 데이터/알고리즘/시스템의 무결성 보증, 사생활 및 개인정보보호 등이 포함된다.

IBM의 이러한 회사 내 윤리 규범과 원칙 선언은 안전하고 윤리적이며 사회에 유익한 방식으로 AI 시스템을 관리할 필요성에 대한 담론의 일부가 될 것이다. 이러한 주제를 공론화하기 위해 이 분야에 조예가 깊은 전문가들로 구성된 활동적인 공동체를 조직하고 여기서 제시한 아이디어를 발전시켜 나가기를 희망한다.

AI 시스템에서 얻을 수 있는 혜택이 무궁무진할 것이다. 그러나 오해나 잘못된 인식으로 본래 궤도를 벗어날 수도 있다. 아직 모든 물음에 대한 답을 얻은 건 아니지만, 제기된 우려를 함께 해결하면서 다수의 이익을 함께 실현할 수 있을 것으로 확신한다.

1) 익숙하지만 새로운 인공지능

우리는 이 길을 가본 적이 있다. 불을 발견하고 바퀴와 간단한 도구를 만들었던 고대부터 증기 엔진, 인쇄기, 인터넷을 발명한 현재까지 인류 역사 전반에 걸쳐 첨단 기술을 개발하고 보급하고 적응하는 과정을 반복했다. 이 각각의 기술은 우리가 생활하고 일하는 방식에 엄청난 변화를 가져왔고 삶의 질을 크게 향상시켰다. 뿐만 아니라 예상치 않은, 때로는 원치 않은 결과도 가져와 우리에게 과제로 남았다.

가장 최근의 산업혁명은 인류 역사의 흐름을 완전히 바꾸어 놓았다. 강력한 기계의 등장으로 상상조차 할 수 없었던 것을 만들고 이동할 수 있게 되었다. 전례 없는 생산과 진보의 시대가 시작되어 모든 생활과 산업에 변화를 가져왔다. 하지만 그로 인해 노동 시장은 대격변을 겪었고 심각한 환경오염도 발생했다. 우리는 지금도 새로운 일자리 창출을 위한 경제 및 교육 정책부터 기후 변화에 대응하기 위한 전 세계적인 공조까지 다양한 방식으로 이 두 가지 문제를 해결하는 데 노력하고 있다.

MIT의 에릭 브린욜프슨(Erik Brynjolfsson)과 앤드루 맥아피(Andrew McAfee)는 그들의 저서, 『제2의 기계시대(*The Second Machine Age*)』에서 산업혁명이 1차 기계의 시대를 열었고 이제 인공지능을 기반으로 하여 2차 기계의 시대가 시작되었다고 주장한다. "컴퓨터와 다른 디지털 첨단 기술이 인간의 지적 능력, 즉 뇌를 사용하여 주변 환경을 이해하고 형상화하는 능력에 기여하고 있다.

마치 증기 엔진과 그 뒤를 이은 기술이 인간의 육체적 능력을 보완했던 것처럼 말이다."[19]

IBM은 이 주장에 동의한다. 기계의 가장 뛰어난 점은 데이터 분석, 절차 논리, 추론 그리고 센싱 등이다. 가치 판단, 공감, 심미안 등 인간 고유의 특질과 잘 결합하면 이 세상을 더 정확히 이해하고 여기서 살아갈 방법을 더 현명하게 결정할 수 있게 된다. 디지털 암흑세계, 즉 미탐구 영역인 방대한 비정형 데이터의 세계를 들여다볼 수 있다. 또한 AI 시스템을 통해 더 우수한 학습과 발견 능력을 발휘하여 새로운 사고와 행동의 영역을 개척하면서 더 이상적이고 유의미한 존재로 도약할 것이다.

물론 이 '2차 기계의 시대'는 장미빛 전망뿐 아니라 거대한 불안도 수반한다. 결코 과장되거나 불합리한 우려가 아니다. 모든 신기술, 특히 거대한 변화를 가져올 수 있는 기술의 초창기에는 저항에 부딪치곤 했다. 기술적 변화 또는 그 밖의 변화를 겪으며 우리는 불안을 느끼게 된다. 이러한 배경에서 오해와 잘못된 인식이 뿌리를 내린다.

앞서 언급한 것처럼 인공지능에 대한 보편적 우려를 해소하는 데 그 의미론적 접근이 가장 큰 장애물일 것이다. 지금까지 '인공지능'은 인간의 사고를 흉내 내거나 복제하려는 시스템을 가리키는 용어였다. 이는 실제 인공지능 과학에 대한 정확한 설명이 아니며, 인공지능과 타고난 지능 사이에서의 잘못된 선택을 암시하는 것 같다.

이런 이유로 IBM을 비롯한 여러 선구자들은 이 분야의 활동을 설명하는 데 다른 표현을 사용했다. 인간의 사고를 복제하는 게 아니라 보강하도록 설계된 시스템을 의미하는 '코그너티브 컴퓨팅(cognitive computing)' 또는 '증강지능(augmented intelligence)'이라는 용어가 우리의 접근 방식을 더 정확히 표현한다. '인공지능' 개발이 상업적 또는 사회적 차원의 지상 과제는 아니다. 그러나 우리의 지성을 발전시키고 더 우수한 의사결정을 지원하며 인간의 전문성을 확장할 수 있는 기술은 언제나 유익하다고 생각한다.

2) 인공지능에 관한 오해와 잘못된 인식

인공지능 윤리에 관한 논의의 기초를 다지는 차원에서 일반 담론에 부정적인 영향을 미치는 대표적인 오해 몇 가지를 간단히 짚어보겠다.

첫째, 인공지능은 분명히 다양한 산업에서 노동을 새롭게 정의하겠지만, 다른 한편으로는 완전히 새로운 산업, 기업, 일자리도 창출할 것이다. 그중 상당수는 지금과 같은 초창기에는 상상조차 하기 어려운 유형일 것이다. 실제로 세계 유수의 경제학자 및 연구 기관의 조사에 따르면 AI와 같은 기술적 진보에 힘입어 새로운 일자리가 늘어난다. OECD(Organization for Economic Cooperation and Development)가 이 점을 가장 분명하게 밝히고 있다. "역사적으로 신기술의 소득 창출 효과는 노동 대체 효과보다 크다는 것이 입증되었다. 기술 발전은 수확량 및 생산성 향상뿐 아니라 전반적인 고용 향상을 가져왔다."[20]

둘째, 개인 정보 보호와 관련하여 오늘날의 컴퓨터 시스템에 대한 우려의 상당수가 AI에도 그대로 적용된다. 물론 AI 시스템은 개인 정보로부터 완전히 새로운 정보를 발견하는 데 더 뛰어난 능력을 발휘할 것이다. 이렇게 확보되는 새로운 통찰을 기존과 동일한 수준으로 철저히 보호해야 한다. 그리고 AI가 이 문제의 해결에 기여할 것으로 예상한다. 개인 식별 정보 삭제, 프라이버시 보호를 위한 딥러닝 등 첨단 기술을 통해 더 효과적으로 사생활을 보호할 수 있다.

셋째, 의식을 포함한 인간의 모든 능력을 갖춘 자율적이고 자각적인 AI 시스템을 가리키는 '인공일반지능(artificial general intelligence, AGI)'에 대한 논의는 주의가 필요하다. 인공일반지능은 인간이 할 수 있는 어떠한 지적인 업무도 성공적으로 해낼 수 있는 (가상적인) 기계의 지능을 말한다. 이는 인공지능 연구의 주요 목표이며, SF 작가들이나 미래학자들의 중요한 소재이다. 인공일반지능은 '강한 AI', '완전 AI', 또는 '일반 지능적 행동'을 실행하는 기계의 능력이라고도 한다. 일부에서는 '강한 AI'와 구별하여 특정 문제 해결이나 이성적 업무의 연구, 완수를 위해 사용되는 소프트웨어를 '응용 AI'(또는 '좁은 AI', '약한 AI')라 부르기도 한다. '약한 AI'는 '강한 AI'와는 반대로 인간의 인지적 능력의 모든 범위를 수행하려 시도하지 않는다.

그런데 인공일반지능은 매우 웅대한 목표이며, 현재의 과학 지식으로는 극히 초기 단계일 뿐이다. 전문화된 AI, 즉 명확하게 정의된 분야의 실무를 지원하는 시스템을 통해 많은 발전과 이점이 실현된 후에야 '인공일반지능'의 가능성을 생각해볼 수 있을 것이다. 그때까지는 고객, 비즈니스 파트너, 경쟁사와 함께 다양한 AI 시스템을 안전하게 구축하는 데 주력할 것이다.

AI 시스템에 관한 편견은 해결 가능한 문제일 뿐 아니라 AI 시스템 자체가 인간의 의사결정 모델에 현존하는 여러 편견을 해소하는 데 기여할 수 있다. AI가 모든 산업 및 생활 영역에서 애플리케이션의 기반으로 확대되는 가운데 AI 시스템 전체의 무결성을 보장하는 것이 더욱 중요하다. AI 시스템의 근간이 되는 데이터 및 모델의 무결성을 관리하고 각종 이상(anomalies) 및 위협으로부터 알고리즘 및 시스템의 회복탄력성(resiliency)를 유지하는 데에도 관심을 기울여야 한다. 불완전성부터 악의적 공격 등 다양한 요인에 의해 이상이 발생할 수 있다. 이상으로 인한 위험을 차단, 탐지, 교정, 완화하는 기술과 프로세스가 코그너티브 플랫폼의 전 범위에 통합되어야 한다. 코그너티브 시스템의 신중한 위험 완화 조치를 통해서 불안정한 분석이나, 신뢰할 수 없는 의사결정 지원보다 우수한 가치를 실현할 수 있다.

3) 신뢰 시스템

앞서 살펴본 바와 같이 인공지능을 남용하거나 오용할 가능성에 주목하는 이들도 있다. 여느 물리적 또는 디지털 기술과 마찬가지로 AI가 비윤리적으로 이용될 가능성은 있다. 기술 기업이자 글로벌 공동체의 구성원인 IBM은 인공지능을 올바른 방식으로,

올바른 목적을 위해 개발하는 데 최선을 다할 의무가 있다. 이러한 원칙에 따라 인공지능의 개발자, 사용자, 수혜자 간의 신뢰를 쌓을 수 있는 시스템이 마련될 수 있을 것이다. 이러한 시스템은 다음과 같은 여러 가지 속성을 포함한다.

(1) 의도

모든 기업은 윤리 경영 원칙과 직원의 행동 규범을 제정하고 이것들을 확실하게 준수하기 위한 거버넌스 시스템을 갖춰야 한다. 이러한 지침에 따라 기업은 사회에 해가 될 비즈니스에 의도적으로 참여하지 않도록 주의해야 한다. 이러한 윤리 강령은 IBM을 비롯한 모든 곳에서 진행되는 AI 시스템 개발에도 그대로 적용되어야 한다. 이와 관련한 몇 가지 원칙은 다음과 같다.

첫째, 모든 AI 시스템은 개발에 앞서 그 비즈니스 목표와 요건이 명확하게 정의되어야 하고 윤리적으로 합당해야 한다. 구체적인 거버넌스 활동을 통해 제품 관리 프로세스에 윤리 자문가의 평가를 포함해야 한다. 둘째, 어떤 제품 또는 서비스가 널리 배포되기에 앞서 윤리와 관련된 설계 문제를 광범위한 현장 테스트로 수행해야 한다. 셋째, 잠재적 윤리 문제에 중점을 두고 지속적으로 사용자의 피드백을 받을 수 있는 메커니즘을 마련해야 한다. 넷째, 산업 차원에서 정부 및 비 정부 소속 구매자의 이력을 면밀하게 점검하고, 지금과 마찬가지로 국가별 교역 정책 및 U.N.의 관련 법령을 철저히 준수해야 한다.

(2) 알고리즘의 책임성 및 시스템 보증

신뢰의 기초는 책임이다. 따라서 AI 시스템의 근간이 되는 알고리즘은 최대한 투명하거나 적어도 해석 가능해야 한다. 달리 말하자면 인간이 이해할 수 있는 용어로 입력을 해석한 방법부터 특정 출력을 제안한 이유까지 설명할 수 있어야 한다. 이를 위해 AI 시스템이 설명 기반의 부수적인 시스템을 포함하는 것이 바람직하다. IBM은 이 시스템을 의료, 금융 서비스, 법률 등 여러 산업의 각종 첨단 분석 애플리케이션에서 이미 도입했다. 이를테면 데이터 중심의 컴플라이언스 모니터링 및 감사 시스템이 다양한 의사 결정 경로 및 관련 위험을 시각적으로 설명하고, 추론 및 동기부여로 제안사항을 뒷받침할 수 있다. 이러한 솔루션을 위한 매개변수는 해당 산업의 기존 정부 규제에 의해 정의된다.

모든 AI 시스템에 알고리즘의 책임성을 포함하는 가장 큰 이유는 의사결정 과정에서 혹시라도 발생할 수 있는 편견을 해결하기 위해서다. 이는 AI 전문가들이 지적하는 중요한 문제다. AI 시스템 훈련에 쓰이는 데이터 및 데이터를 처리하는 알고리즘 모두에 편견이 개입될 수 있기 때문이다.

(3) 내장된 가치

AI 시스템의 작동 기준이 되는 가치가 인간의 가치에 부합해야 한다. 이를 통해 사회 및 환경에 의해 받아들여지고 제 기능을 할 수 있다. 이는 자율적 시스템뿐 아니라 인간과 기계의 협업을 기반으로 하는 시스템에서도 필수 조건이다. 인공지능의 가치가 사회 및 환경의 가치와 부합하지 않으면 효과적인 팀워크가 불가능하거나 지연될 수 있기 때문이다.

기계에 어떤 가치를 적용하고 어떻게 그 가치를 구현해야 하는지는 아직 분명하지 않다. 인류를 위해 구상된 여러 윤리 이론을 검토하고 기계의 범주에서 그러한 이론을 적용하는 것의 영향을 고려하면서 인간에서 기계로 이어지는 가치를 정의하고 조정할 최상의 방법을 모색하는 중이다.

AI 시스템에 윤리 가치를 어떻게 구현할 것인가에 대한 아이디어는 있다. 크게 두 가지 접근 방식으로 나눌 수 있는데, 첫 번째는 이른바 '하향식' 접근이다. 즉 시스템이 반드시 지켜야 할 엄격한 규칙의 모음에서 가치를 코드화하는 것이다. 강력한 통제가 가능하다는 장점이 있지만, AI 시스템이 능숙하게 처리하는 불확실성과 역동성을 허용하지 않는 단점이 있다. 다른 하나는 이른바 '상향식' 접근으로 머신 러닝을 활용하여 AI 시스템이 관련 시나리오에서 인간의 행동을 관찰하면서 인간의 가치를 습득할 수 있게 하는 것이다. 하지만 여기서는 행동을 잘못 해석하거나 왜곡된 데이터로 학습할 위험이 있다.

상향식 접근과 하향식 접근의 조합이 실용적인 방법일 것이다. 즉, 인간의 행동을 관찰하면서 코드화된 원칙 및 윤리 규칙을 탄력적으로 조정할 수 있다. 이 시나리오에서는 의료 또는 금융 서비스 등 기존 산업의 윤리 규범을 내장된(embedded) 코드의 기준으로 삼을 수 있다.

실제로 의료 및 금융 서비스와 같은 분야에서는 이미 전문가들이 윤리 강령을 명시적으로 코드화하고 실천하고 있다. 이 전문가들을 돕도록 설계된 AI 시스템에서는 이러한 모범 사례 및 원칙이 시스템 윤리 모듈의 핵심을 구성할 수 있다. 그리고 윤리 모듈은 일상의 업무 환경에서 인간의 모범 사례를 반영하면서 지속적으로 수정되어야 한다.

우리는 모든 AI 시스템이 저마다 윤리 모듈을 갖추고 사용 환경에서 인간과 다채롭게 교류하고 협업하는 미래를 구상한다. 특정 직무 및 현실의 시나리오에 적응할 수 있는 윤리 API(Application Programming Interface, 응용 프로그램 프로그래밍 인터페이스)를 개발하면 가능하다. API란 응용 프로그램에서 사용할 수 있도록, 운영체제나 프로그래밍 언어가 제공하는 기능을 제어할 수 있게 만든 인터페이스를 뜻하는데, 윤리 API는 AI 시스템이 행동의 기준으로 삼을 기본 원칙 및 가치를 제공하고 또한 시간이 흐르면서 해당 직무 또는 환경에서 벌어지는 상황에 따라 탄력적으로 적응하는 기능도 제공한다. 이와 같은 철저한 접근 방식을 통해 인공지능의 문제 해결 잠재력을 훼손하지 않으면서 합당하게 가치에 부합할 수 있다.

(4) 견고성(검증 및 유효성 검사)

견고성(robustness)은 시스템의 신뢰성 및 예측 가능성을 나타내는 지표이다. 따라서 AI 시스템에 대한 적정 수준의 신뢰를 확보하는 데 중요한 조건 중 하나이다. 모든 AI 시스템은 보급되기 전에 논리적 및 확률적 검증, 유효성 검사, 테스트를 거쳐 견고성을 입증해야 한다.

검증(Verification)은 컴퓨터 과학에서 어떤 시스템이 소기의 작업을 만족스럽게 수행하고 있음을 확인하는 기법이다. AI 시스템은 부분적으로 미지의 환경에서 작동하면서 모호한 정보를 다루기 때문에 견고성의 요건을 충족하기 위한 새로운 검증 기법이 필요할 것이다. 유효성 검사(Validity)는 예측 가능성을 평가하는 기법이며, 어떤 시스템이 예측 밖의 행동(및 그에 따른 결과)을 하지 않는다는 것을 확인한다. 이 예측 밖의 행동을 정의하려면 특정 상황에서 무엇이 올바른지 또는 잘못된 것인지 알아야 한다. 즉 여기서도 내장된 가치(embedded value)가 작용한다. AI에서는 새로운 행동이 나타날 위험이 있으므로(예: 과거에는 별개였던 시스템의 데이터를 조합하는 경우) 이 프로세스가 인간의 감독하에 지속적으로 수행되어야 한다.

현실적으로는 기존 제품 관리 라이프사이클에 포함된 요구 사항 관리 및 현장 테스트의 실무 방식을 확장하는 형태가 될 수 있다. 그중 한 예로 알파 및 베타 테스트를 들 수 있다. 모든 응용 프로그램의 개발 과정은 단순히 프로그램을 작성하고 즉시 배포하는 것에 그치지 않는다. 프로그램이 클라이언트의 요구 사항을 통과하고 나중에 사소한 결함이나 심각한 문제가 발생할 수 있는 버그가 없는지 확인하기 위해 일련의 엄격한 테스트를 거치는데, 이를 알파 및 베타 테스트라 한다. 알파 테스트가 먼저 수행되어 소프트웨어가 통과하면 베타 테스트를 수행할 수 있다. 소프트웨어가 알파 테스트에 실패하면 변경 사항이 적용되고 소프트웨어가 통과할 때까지 테스트가 반복된다. 알파 테스트는 소프트웨어 결함을 찾는 방법을 알고 있는 소규모 전문가 팀에 의해 진행된다. 팀은 소수의 회원으로만 구성되어 있지만 전문 지식과 다양한 시나리오를 통해 대부분의 문제를 파악할 수 있다. 베타 테스트는 고객이 원하는 바에 따라 소프트웨어 프로그램의 베타 버전을 제한된 수의 참가자 또는 원하는 사람에게 공개할 수 있다. 베타 테스트 참여자는 오류를 보고하고 그들이 하고 있는 일이나 시도를 수행하여 프로그램 개발자가 오류를 시정하고 해결 방법을 찾을 수 있도록 한다. 이러한 알파 및 베타 테스트의 개념을 새롭게 정의하여 AI 시스템의 확률적 행동도 포함하도록 할 수 있을 것이다.

4) 인공지능과 윤리에 관한 원칙

IBM은 위에 설명한 담론을 토대로 2017년 1월에 인공지능 윤리 문제와 관련하여 다음과 같은 세 가지 원칙들(Transparency and Trust in the Cognitive Era)을 수립하여 실행하겠다고 선언하였다.[21]

(1) 목적(purpose)

IBM이 개발하고 응용하는 인공지능 시스템의 목적은 인간의 지성을 향상시키는 데에 있다. IBM의 기술, 제품, 서비스 및 정책은 인간의 역량, 전문성 및 잠재력을 향상시키고 확대시킬 수 있도록 설계될 것이다. IBM의 이러한 태도는 원칙 그 자체에도 기반을 두고 있지만 과학에도 기반을 두고 있다. 인공지능은 현실적으로

의식을 얻거나 독립된 기관으로서 역할을 할 수 없을 것이다. 인공지능은 기업과 사회가 기능하는 프로세스, 시스템, 제품 및 서비스에 내장되어(embedded) 갈 것이다. 이러한 모든 것은 인간의 통제 범위 내에 머무를 것이며, 또 그렇게 되어야만 한다.

(2) 투명성(transparency)

인공지능 시스템이 세상을 변화시킬 만한 잠재력을 발휘하기 위해서는 인공지능 시스템의 추천, 판단, 그리고 그 사용에서 사람들 사이에 신뢰가 형성되어야 한다. 따라서 IBM은 다음과 같은 사항들을 명확히 하고자 한다.

— 첫째, 언제, 그리고 어떠한 목적으로 IBM이 개발하고 판매하는 솔루션(cognitive solutions)에 인공지능을 응용할 것인가.

— 둘째, 인공지능 솔루션에 대한 통찰력을 제공하는 데이터 및 전문지식의 주된 원천, 그리고 그러한 시스템 및 솔루션을 향상시키는 데 사용되는 방법

— 셋째, 고객이 자신의 비즈니스 모델과 지적재산권을 소유하며, 수년간의 경험을 통하여 만들어낸 역량을 강화하는 데 인공지능 시스템을 사용할 수 있다는 원칙. IBM은 고객과 협력하여 고객의 데이터와 노하우를 보호하고, 다른 고객, 파트너, 그리고 업계 관계자들이 그와 유사한 방식을 채택하도록 권장함

(3) 기술(skills)

새로운 인공지능 시대의 경제적, 사회적 이익은 인간과 관련된 문제가 해소되어야만 진정한 의미를 가질 수 있을 것이다. 이것은 인공지능 기술에 있어서 매우 중요하며, 인공지능 기술은 인간의 지성과 전문기술을 발전시키고 인간과 함께 협업해야 한다. 따라서 IBM은 학생, 근로자, 일반 시민 등이 인공지능과의 관계를 안전하고, 무해하며, 효과적인 방향으로 발전시킬 수 있는 지식과 기술을 습득할 수 있도록 도울 것이다. 또한 인공지능 경제에서 나타날 새로운 종류의 업무와 직업을 수행할 수 있는 지식과 기술도 습득할 수 있도록 도울 것이다.

5) 데이터에 관한 책임성

IBM은 인공지능 시대의 주요 자원인 데이터에 관한 책임성의 원칙을 2017년 10월 다음과 같이 공표했다.[22]

우리 시대를 대표하는 한 마디는 데이터이다. 이제 데이터는 새로운 자연자원으로서 양적인 증가와 더불어 그 형태도 급격하게 다양해지고 있다. 자연적으로 혹은 인위적으로 형성된 복잡한 사회의 시스템에서 일어나는 여러 활동과 상호 작용, 의사결정과 관계, 사건 들이 모두 데이터로 표현되고 있다.

이러한 데이터의 물결에서 깊은 통찰과 비즈니스 가치, 사회적 잠재력을 발견하는 데 인공지능, 즉 AI가 요구된다. AI는 모든 출처 및 형태의 데이터를 이해할 수 있다. 여기에는 전자상거래,

금융 시장, 공급망 등의 트랜잭션 시스템에서 생성되는 정형 데이터, 소셜 미디어의 자연어 데이터, 이미지 및 동영상 형태의 데이터, 사물 인터넷 센서 데이터 등이 해당된다.

데이터 중심으로 기능화된 사회가 향상된 속도와 용량을 갖춘 네트워크와 결합하면서 세상의 모든 움직임과 프로세스를 점점 실시간으로 처리하고 있다. 그리고 이러한 환경에서는 학습, 예측, 조언, 확실한 의사결정을 지원하는 시스템이 더욱 필요하다. 이 시스템은 기업과 사회가 혁신하고, 과거의 어려움을 해결하고, 더 건강한 삶, 더 다양한 기회, 더 안전하고 공정하며 생동감 넘치는 가정과 사회를 이루는 데 도움을 준다.

근본적인 변화에 발맞춰 여러 기업과 기관은 인공지능과 클라우드를 기반으로 하는 새로운 기술 및 비즈니스 아키텍처, 새로운 비즈니스 프로세스, 전문 기술과 다양한 소통 방법을 받아들여야 한다. IBM은 이를 코그너티브 엔터프라이즈(Cognitive Enterprise)라고 부른다.

원대한 꿈을 실현하고 새로운 플랫폼, 기업, 정부, 모든 시민 사회의 성공을 위해서는 사회적, 정책적 측면에서 중요한 의미를 생각해봐야 한다. 데이터의 잠재적 가치를 활용하려는 과정에 집중한 나머지 개인, 기업, 공동체가 보장받아야 할 안전, 신뢰, 개인정보보호, 일자리, 기술력, 그리고 이들이 소유하거나 이들로부터 수집되는 데이터에 대한 권리와 기대를 소홀히 해서는 안 된다.

AI가 도입되기 전부터 IBM은 데이터를 수집, 저장, 관리, 처리하는 조직이라면 책임 있는 자세로 데이터를 다룰 의무가 있다고 생각했다. 이러한 신념은 IBM이 한 세기 동안 모든 관계에서 지향해온 신뢰 및 책임 의식으로 구체화되었으며, 세계 유수의 기업들이 가장 중요한 데이터를 IBM에 맡겨온 이유이기도 하다. IBM은 항상 책임을 다하는 자세와 철학으로 고객의 신뢰를 더욱 공고히 하고 있다.

(1) 데이터 소유권과 개인정보보호

전 세계가 데이터 시대로 새롭게 변화하는 가운데 데이터를 소유하고 사용하는 사람의 권리가 보장되기 위해서는 그 과정의 원칙 및 규칙이 투명해야 한다. IBM은 고객과 공동체의 확실한 신뢰를 얻기 위해 다음과 같이 핵심 정책 영역을 정의했다.

① 데이터 소유권: IBM은 항상 고객의 데이터는 고객의 자산이고, 정부의 데이터 정책은 공정하고 평등하며 개방성을 최우선으로 해야 한다고 믿는다.[23]

- 고객은 IBM 왓슨 솔루션 및 서비스를 이용하는 데 자신의 데이터에 대한 권리를 포기할 필요가 없다.
- 고객이 데이터로부터 얻는 특별한 통찰은 고객의 경쟁력이므로 IBM은 고객의 동의 없이 공유하지 않는다.
- IBM 고객 계약은 투명성을 원칙으로 한다. IBM은 고객이 동의하지 않는 용도로 고객 데이터를 사용하지 않으며 사용 범위도 계약에 명시된 목적으로 제한한다.

- IBM은 업계 최고의 보안 전략을 적용하여 데이터를 보호한다. 여기에는 암호화, 액세스 제어 방법론, 특별 동의 관리 모듈의 사용이 포함되며, 이러한 노력을 통해 허가 받은 사용자에 한해 접근을 허용하고 적절한 권한에 따라 데이터를 익명 처리한다.

② 개인정보보호: IBM은 고객의 개인정보보호에 최선을 다하고 있다. 개인정보보호는 데이터 중심 사회의 기본 원칙이다.

- 개인정보보호를 실행하는 방법이 하나만 있는 것이 아니므로 IBM은 IBM이 영업하는 모든 국가 및 지역의 개인정보보호법을 준수한다.
- IBM은 일찍부터 유럽연합의 '클라우드 서비스 제공업체 데이터 보호 행동 강령(Data Protection Code of Conduct for Cloud Service Providers)'을 개발하고 여러 솔루션에 적용하는 데 앞장서 왔으며, 미국과 유럽연합간의 '개인정보보호 조치(Privacy Shield)' 및 APEC 국가 간 '개인정보보호 규정(APEC Cross-Border Privacy Rules)'에 따라 인증을 받았다. 곧 시행될 유럽연합의 '일반개인정보보호법(General Data Protection Regulation, GDPR)'도 성실히 준수할 것이다.
- IBM은 개인 정보 및 일반 정보를 보호하는 강력하고 혁신적인 방법을 적극 지지하며 더 효과적으로 개인 정보를 보호하기 위한 기술 투자에 계속 주력할 것이다.
- IBM은 개인정보보호법을 상호 존중하여 국가 간 데이터 이동

을 원활히 하고 보호하기 위한 글로벌 차원의 공조를 지원한다.

(2) 데이터 이동 및 접근

① 국가 간 데이터 이동: IBM은 국가 간 자유로운 데이터 이동이 21세기 상거래의 핵심 조건이라고 생각한다.

- IBM은 국가 간 데이터 이동을 활성화하고 데이터 현지화 요건을 제한하는 디지털 무역 협정을 지지한다.
- IBM은 정부가 아닌 고객이 데이터 저장 위치 및 처리 방법을 결정해야 한다고 생각한다. 국내에서만 데이터를 보존하거나 처리하도록 강제하더라도 데이터가 해킹 또는 사이버 범죄로부터 더 안전한 것은 아니다.
- IBM은 고객이 데이터를 저장하고 처리할 위치를 융통성 있게 결정할 수 있도록 세계 각지에 클라우드 데이터 센터를 구축하고 있다. 그러한 결정은 정부의 명령이 아닌 고객의 선택에 따라 이루어져야 한다.

② 정부의 데이터 접근: IBM은 고객 데이터에 대한 정부의 접근 요청에 관한 입장을 다음과 같이 분명하게 밝혀왔다.

- IBM은 지금까지 어느 정부 기관에도 컨텐츠 또는 메타 데이터를 대량 수집하는 감시 프로그램을 위해 고객 데이터를 제공하지 않았다.

- 일반적으로 IBM이 기업 고객을 위해 보관하고 있는 데이터를 정부 기관에서 접근하려 할 경우 해당 기관이 고객과 직접 협의하는 것을 원칙으로 한다.
- IBM은 고객 데이터를 요청하는 정부 기관의 법적 관할 지역이 아닌 곳에 저장된 데이터에 대한 접근을 허용하지 않는다. 단, 사법 공조 조약(Mutual Legal Assistance Treaty, MLAT)과 같은 국제적으로 인정받는 합법적 채널을 통한 경우는 제외한다.
- IBM이 고객 데이터에 대한 접근 권한을 요구 받았으나 이 요청이 현지 법에서 정한 절차를 따르지 않은 경우 IBM은 합당한 법적 조치 또는 기타 수단을 통해 그 요청에 이의를 제기할 것이다.
- IBM이 정부로부터 기업 고객 데이터에 대한 접근 권한을 요구 받고 여기에 IBM이 고객에게 이 사실을 알리는 것을 금지하는 함구령까지 포함된 경우 IBM은 합당한 법적 조치 또는 기타 수단을 통해 그 함구령에 이의를 제기할 것이다.[24]
- IBM은 앞으로도 데이터 보호와 법 집행 기관의 범죄 수사 의무를 모두 균형적으로 지원하기 위해 정부 및 고객과 긴밀하게 공조할 것이다.
- IBM은 국제 사법 공조 협약 현대화 등 정부의 데이터 접근 요구에 대한 투명성, 감독, 위헌 심사를 강화하기 위한 노력을 지원한다.[25]

(3) 데이터 보안과 신뢰

전 세계 엔터프라이즈 보안 업계를 선도하는 IBM은 오픈 마켓플레이스 및 공공 영역을 목표로 빠르게 증가하고 있는 보안 위협을 특별한 관점으로 주시하고 있다. IBM의 강력한 기술 혁신을 동력으로 하여 고객과 전 세계 무역 환경을 보호할 수단을 개발하는 데 주력하고 있으며 여기에는 AI부터 블록체인까지 다양한 기술 솔루션이 포함된다. 또한 전 세계에서 구축한 신뢰 관계를 바탕으로 여러 기업, 정부, 학계, 모든 시민 사회의 힘을 모아 공공의 필요를 해결하고 보안, 개인정보보호, 자유의 균형을 유지하기 위해 노력하고 있다.

① 암호화: IBM은 현대의 비즈니스에 필수적인 상용 암호화 기술의 실효성을 약화시키거나 제한하는 어떠한 시도에도 반대한다.

- IBM은 IBM 제품에 어느 정부 기관을 위한 '백도어'도 설치하지 않는다. 또한 고객 데이터에 접근하려는 어느 정부 기관을 위해서도 소스 코드 또는 암호화 키를 제공하지 않는다.[26]
- 앞으로도 IBM은 전 세계적으로 확산 일로에 있는 데이터 유출 사고에 대응하기 위해 고객의 데이터 및 트랜잭션을 더 효과적으로 보호할 신기술 개발에 주력할 것이다. 이러한 기술은 전 세계 디지털 경제의 근간이 된다.
- IBM은 개별 정부가 규정한 것보다는 국제적으로 인정받는 암호

화 표준 및 알고리즘의 사용을 지원한다.

② 사이버 보안[27]: IBM은 업계 최고 수준의 보안 전략 및 기술을 활용하여 데이터를 보호하며 새로운 디지털 보안 위협에 미리 대비하기 위해 인공지능 기능을 도입하는 데 앞장서고 있다.

- IBM은 민관 협력을 통해 사이버 보안 인식을 제고하고 현재 및 미래의 데이터 보안 위협을 막을 수 있다고 확신한다. 가장 효과적인 방법은 미국 국립표준기술연구소의 '사이버 보안 프레임워크'[28]와 같은 자발적인 업계 모범 사례 및 유연한 리스크 관리 모델이다.
- 또한 IBM은 정부, 기업, 학계가 실행에 옮길 수 있는 사이버 보안 위협 정보를 자발적으로 실시간 공유하면서 공동으로 공격을 막고 완화하는 노력을 지원한다.
- IBM은 사물 인터넷(사물 인터넷 시스템과 관련된 모든 데이터, 통신, 처리 작업 포함)을 제대로 보호하기 위해서는 설계 단계부터 데이터 보안 및 개인정보보호를 최우선으로 고려해야 한다고 생각한다.

(4) 데이터와 인공지능[29]

IBM은 오래 전부터 AI 기술 분야를 개척하고 전 세계의 고객들이 이 기술을 활용할 수 있도록 지원하면서 '인공(artificial)'보다는 '증강(augmentation)'이라는 표현이 더 어울리는 이 기능이 기업,

기관, 정부, 개인에게 긍정적 변화의 원동력이 될 것임을 확신했다. 그와 더불어 AI 기술 개발이 신중하고 책임 있는 방식으로 이루어져야 한다는 점도 깨달았다.

- AI의 가치는 사람의 능력을 대체하는 것이 아니라 증강하는 데 있다. AI 시스템은 의식이나 지각을 가진 존재가 되지 않을 것이다. 그보다는 전 세계의 프로세스, 시스템, 상호 작용의 일부로 통합될 것이다. 인공지능이 사람의 의사결정, 판단, 직관 또는 윤리적 선택을 대체하지 않으며 대체할 수도 없다.
- IBM은 AI 시스템이 어떤 결론이나 조언에 도달하는 방식에 대해 사람들이 온전하게 이해할 수 있도록 투명성 및 데이터 거버넌스 정책을 지원한다. 기업은 어떤 과정을 거쳐 알고리즘의 권장 사항이 나왔는지 설명할 수 있어야 한다. 그러지 못하면 이 기업에서 만든 시스템은 상용화될 수 없다.
- AI 시스템의 사회적 합의에 대한 토론이 이루어지는 가운데 IBM은 자동화를 규제하거나 혁신에 불이익을 주어서는 안 된다고 생각한다. IBM은 정책 입안자 및 고객과 함께 인적 자원이 AI 시스템과의 파트너십을 십분 활용하면서 효과적으로 일하는 데 필요한 기술을 습득할 수 있도록 지원할 것이다.

① 데이터 기술과 '뉴칼라' 직종[30]: IBM은 업무 수행 방식을 변화시키고 생산성, 경제 성장, 일자리 창출 효과를 높이는 기술 및 비즈니스 차원의 혁신에 대비하려는 전 세계의 노동자들을 돕는

데 앞장서고 있다. IBM은 정책 입안자들과 함께 학위 취득보다는 수요가 많은 기술 습득에 주안점을 두는 교육 제도 현대화에 참여하고 있다. 더 많은 학생과 노동자가 고소득 뉴칼라 직종에서 일할 수 있도록 교육하고 훈련함으로써 더 많은 사람들이 기술 중심의 경제 성장에서 수혜자가 될 수 있다. IBM은 다음과 같은 정부의 노력을 적극 권장하고 지원한다.

- 수요가 많은 기술 및 역량 개발에 더 효과적 교육 실시
- 기업의 직원 재교육 투자 지원
- 개인의 경력 개발을 위한 기술 습득 장려

5) IBM의 헌신

데이터 경제가 빠르게 진화하고 있으며 신기술은 우리가 생활하고 일하는 방식을 바꿔 놓고 있다. 그 과정에서 데이터에 대한 책임은 앞으로 더욱 발전할 것이다. IBM은 이와 같이 IBM의 원칙과 각오를 종합적으로 밝힘으로써 사회 전반에서 더 활발한 대화가 이루어질 수 있기를 바란다. 앞으로도 IBM은 현대 사회의 원동력이 되는 데이터와 데이터를 바탕으로 경제적 가치와 사회 발전을 추구하는 기술 그리고 비즈니스 분야의 새로운 기능을 이동, 저장, 관리, 분석, 학습하는 과정에서 고객과 IBM이 속한 공동체의 신뢰를 얻기 위해 최선을 다할 것이다.

윤리 기준을 정의하고 내장(embed)하는 것으로 끝나지 않는다.

이러한 기준을 계속 지키도록 지원하는 것은 더 장기적인 목표이다. 이는 인공지능을 개발하는 기술 기업, 이를 응용하는 업계, 안전하고 공정한 기업 활동을 감독하는 규제 기관의 공동 책임이 되어야 한다. 이 공동체의 구성원 각각은 협업이 투명하게 이루어지도록 노력할 의무가 있다. 이 귀중한 기술의 미래, 무엇보다도 이 기술을 통해 모든 인류가 누릴 수 있는 혜택이 여기에 달려 있다.

IBM은 사내외에서 윤리적인 인공지능 개발을 위한 지식을 발전시키고 그러한 개발을 실현하고자 다음과 같이 다각도로 노력하고자 한다.

— 윤리적 AI 시스템 개발 및 보급에 대해 논의하고 조언하며 방향을 제시하기 위한 조직으로 사내에 IBM 코그너티브 윤리 위원회(IBM Cognitive Ethics Board)를 설립한다.
— 윤리적 AI 기술 개발에 대한 교육 커리큘럼을 전사적으로 실시한다.
— 다양한 분야에 걸쳐 개인 및 직업 가치관에 따라 책임 있게 AI 시스템을 개발하는 방법을 지속적으로 모색하는 IBM 코그너티브 윤리(Cognitive Ethics and Society) 연구 프로그램을 마련한다.
— 미국의 백악관 과학 기술 정책실 AI 워크샵, 국제 인공지능 공동 컨퍼런스, 전미인공지능학회 컨퍼런스 등 AI 및 윤리를 주제로 한 산업, 정부, 과학 분야의 이니셔티브와 행사에 참여한다.
— 학계, 연구 기관, 입법 기관, 비정부기구, 기업 경영진으로 구

성된 강력한 에코시스템과 연계하여 AI의 윤리적 측면을 조명하는 프로그램을 정기적으로 개최한다.

한편, 한국IBM에서는 이와 같은 글로벌 본사의 정책기조에 맞추어 국내의 다양한 이해관계자와 대화를 이어나가고 있다. 입법부와 행정부, 연구소, 학계, 시민단체, 언론 그리고 기업들과 다양한 형태의 세미나, 간담회, 신문 기고 및 방송 출연 등을 통해서 생각을 공유하고 발전시켜나가고 있다. 최근에 인공지능 및 로봇윤리와 관련한 국회와 행정부의 입법 노력이 두드러지고 있다. 2017년 2월 국회에서는 지능정보사회 기본법안이 발의되었고, 과학기술정보통신부도 인공지능 윤리 등에 대한 자체 입법안을 준비하는 것으로 알려졌다.

지능정보사회 기본법안의 대표발의자인 국회 강효상 의원은 입법 취지와 관련하여 "지능정보사회 기본법을 제정하여 민간영역의 자율성과 창의성에 바탕을 둔 지능정보사회의 안정적 발전을 효과적으로 지원하고, 각종 사회 구조적·윤리적 문제를 선제적·효과적으로 해소하기 위한 기반을 마련함과 아울러, 기존의 규제 개선 및 정책 추진체계를 획기적으로 개선하여 인간 중심의 지능정보사회 구현에 기여하고자 함"이라고 기술하고 있다.[31]

또한 현재 입법예고 중인 과학기술정보통신부의 '소프트웨어 산업진흥법 전부개정안'[32]의 제3장에서도 소프트웨어 안전에 관한 새로운 규정을 두고 있는데, 인공지능 등 소프트웨어의 안전성을 확보하기 위한 조치로 보인다. 또한 학회, 대학, 연구소 등에서도 세미나, 포럼, 간담회 등을 통해서 인공지능 윤리에 관한 다양한 논의가 진행되고 있다. 직접 인공지능을 활용한 비즈니스를 수행하는 기업으로 이러한 입법 및 정책 과정과 학계의 논의에 직접 참여해서 기업의 입장과 사실에 입각한 정확한 정보를 전달하는 것은 매우 중요하고 또 필요한 일이다. 한국IBM은 이러한 과정과 논의에 적극 참여하여 정확한 과학적 근거와 사실에 입각한 정책이 수립되도록 지원하고 있다.

5. 나가며

앞선 글에서 인공지능 윤리에 관한 국내외 기존 논의와 주요 국가의 사례를 고찰했다. 또한 최초로 인공지능을 상업적 서비스로 제공한 IBM이라는 기업이 인공지능 윤리에 관하여 어떻게 접근하고 실행하고 있는지 살펴보았다. 이를 통해서 기존의 법과 규제를 중심으로 한 거버넌스를 넘어서 기업의 자율적인 윤리 원칙의 수립과 내재화를 통한 새로운 거버넌스가 형성되고 작동될 수 있다는 측면을 검토했다.

인공지능 이후에 등장할 모든 기술은 인공지능에 앞서 등장했던 모든 기술과 마찬가지로 오랜 시간에 걸쳐 사용하면서 신뢰가 싹트고 자리 잡을 것이다. 기술이 발전하고 성숙하는 과정에서 많은 기업, 과학자, 전문가가 더 강력하고 안정적이며 믿을 수 있는 인공지능 애플리케이션을 연구하고 개발하는 데 참여하게 될 것이다. 인공지능은 위험을 수반한다. 그러나 지금까지 그래왔듯이 인류는 공동체의 지혜와 협력을 통해서 그 위험을 극복할 수 있을 것이다.

인공지능 기술은 인간의 지능을 높이고 궁극적으로 우리의 개인적, 사회적 삶을 변화시킬 것이다. 인공지능 기술 활용에 따른 이득은 그 위험성보다 훨씬 크고 중요하다. 적절한 정책과 지원으로 이러한 혜택을 더욱 빠르게 확산시킬 수 있을 것이다.

마지막으로 인공지능 정책 수립과 관련하여 다음과 같은 점을 고려해야 한다. 첫째, 인공지능 기술의 능력과 한계에 관한 '사실'에 근거한 논의가 이루어져야 한다. 둘째, 공공의 이익을 위해 인공지능 시스템을 도입하기 위한 점진적인 사회경제적 정책을 개발해야 한다. 셋째, 미래 세대를 위한 진보적인 교육과 인력 프로그램을 개발해야 한다. 넷째, 인공지능 시스템의 과학과 디자인을 발전시키기 위한 광범위한 학제간 연구에 관한 투자가 장기적 관점에서 이루어져야 한다.

블록체인 P2P의
민주적 기술로서의 가능성

윤영광

1. 들어가며

기술의 정치적 성격

새로운 기술이 등장할 때마다 우리는 그 기술이 가져올 '충격'에 대한 이야기를 듣는다. '충격'이라는 말이 촉발하는 이미지는, 기술을 우리의 의사나 행위, 욕구와 상관없이 어떤 외부세계로부터 우리에게 다가오는 것으로 여기도록 만든다. 그리고 이러한 이미지에 근거하여 이루어지는 기술에 대한 논의들은 대개 기술의 '영향'이나 '효과'—그것이 긍정적인 것이든 부정적인 것이든—에 초점을 맞추기 마련이다. 기술의 존재 혹은 도래, 그리고 기술의 성격 그 자체는 이미 결정된 것, 따라서 어쩔 수 없는 것으로 전제하고, 그러한 기술의 활용이 사회·정치·경제 등 인간의 삶 전반에 미칠 영향에 대해서만 예측하고 기대하고 걱정하고 대비하는 것이다. 이런 의미에서 현대의 기술은 더 이상 전통적인 기술 이해처럼 도구로 여겨질 수 없으며, 이미-언제나 우리에게 주어져 있어서 우리의 존재와 행위, 사고의 조건으로 놓여 있는 환경이나 자연이 되어버린 것처럼 보이기도 한다.[1] 비가 오리라는 일기예보를 듣고 비가 오는 것을 막으려 하기보다 우산을 챙기는 것이 당연하듯이, 기술의 영향을 '예측'하고 그것에 대비하는 일만이 인간과 사회에 허락된 것으로 보이는 "기술 예보의 시대"가 된 것이다.[1] 이즈음 폭발적으로 늘어나고 있는, 블록체인을 비롯한 이른바 4차 산업혁명 선도 기술들에 관한 논의에서도 이러한 사정은 마찬가지다. 우리는 그 기술들이 가져다줄 것이라고 주장하는 엄청난 효율·수익·편리에 환호하거나 그것들이 수반할지도 모르는 위험과 부작용을 염려하고 두려워하는 가운데, 기술의 활용·영향·효과·결과라는 문제틀을 좀처럼 벗어나지 못한다.

그러나 이런 방식의 접근은 기술에 관해 반만, 그것도 본질적이라고 할 수 없는 부분만 주목하는 것이다. 기술철학자 랭던 위너(Langdon Winner)는 이처럼 기술을 그 영향이나 효과의 관점에서만 평가하는 무의식적 관행을 비판한다. 위너는 사회에 새로운 기술이 자리 잡는 과정이 인간 존재의 조건을 재구성한다고 보고, 새로운 기술을 "잠자면서 걷는 것처럼 아무 생각 없이 선뜻 받아

---

1) "기술은 단순히 도구가 아니다. 기술은 우리를 둘러싸고 있으며 삶의 형태를 규정짓는 우리의 환경을 만들어낸다."(Feenberg 1999/2018, 9)

들이는 것이야말로 우리 시대의 흥미로운 수수께끼"라고 말하며 이것에 "기술적 몽유병(technological somnambulism)"이라는 이름 을 붙인다.[2] 그는 기술 자체가 정치적 성격을 갖는다고 주장한다. 기술이 정치체제의 작동과 관련한 문제들에 일정한 기술적 솔루 션을 제공하는 등의 방식으로 영향을 미친다는 이야기가 아니라, "권력, 권위, 자유와 사회 정의의 조건들이 기술적 구조에 여러 가 지 방식으로 깊이 각인되어 있음"을 말하는 것이다. 이런 관점에 서 보면, "현대기술의 어떤 부분도 선험적으로 중립적이라고 할 수 없다."[3] 다시 말해, 위너가 기술이 정치적 성격을 갖는다고 말 할 때의 정치는 근대 이후 경제, 사회 등 다른 영역들과 분리되어 고찰되기 시작한 특정한 영역으로서의 정치를 의미하는 것이 아 니다. 기술은 비트겐슈타인이 말하는 '삶의 형식(form of life)'으로 서의 성격을 갖는다는 의미에서 정치적이라는 것이 위너의 생각 이다. 인간과 세계의 변화는 기술 혁신의 부수적인 결과나 효과가 아니다. 한 사회가 새로운 기술을 개발하고 받아들인다는 것은 그 자체로 인간 존재의 새로운 조건을 구성하고 승인하는 것이다. 위 너의 설명에 따르면, "인간을 그 작동의 일부로 삼는 기술 시스템 의 구성은 사회적 역할과 관계도 재구성한다. 이와 같은 재구성은 대개 새로운 시스템의 작동을 위해 요구된다. 즉 인간의 행위가 그 형태와 과정에 맞도록 변형되어야 시스템의 작동이 가능한 것 이다. 그래서 사용 가능하게 된 기계와 기술, 그리고 시스템을 사 용하는 행위 자체가 특정한 행동과 기대의 양식을 만들어내고, 이 것들은 곧 '이차적 본성'"이 되어버린다. "우리가 받아들인 장치,

기술, 시스템이 우리 일상적 존재의 맥락에 엉켜들면서, 그 도구적 성질들이 우리의 인간됨 자체에 한 부분"이 되는 것이다.[4] 그러므로 기술에 관해 제기해야 할 가장 중요한 물음은, 기술을 개발하고 받아들이고 활용할 때 우리가 어떠한 세상을, 어떠한 사회를, 어떠한 우리 자신을 만들고 있는가다.

기술 그 자체가 정치적 성격을 갖는다는 주장은 행위자–네트워크 이론(Actor-Network Theory, 이하 ANT)의 관점에서도 제기된다. ANT의 핵심적인 테제 중 하나는 인간뿐 아니라 비인간도 행위자이며, 사회나 조직은 이러한 비인간 행위자까지 포함하는 이종적 네트워크로 구성된다는 것이다. ANT는 심지어 인간조차도 "이종적인 물체들이 상호작용하는 네트워크로 인해 생성된 존재" 혹은 "이종적 질료 간의 패턴화된 네트워크"로 설명하면서, "사회적 행위자들은 결코 신체 안에만 존재하는 것이 아니며, 행위자란 이종적인 물질 간의 상호작용으로 이루어진 규칙적인 네트워크"라고 주장한다.[5] 따라서 '행위자–네트워크(Actor-Network)'라는 말은 행위자들의 네트워크를 의미할 뿐만 아니라, 모든 행위자가 실은 네트워크에 의해, 그것도 인간–비인간의 구분이 의미를 갖지 못하는 이종적 네트워크에 의해 구성된다는 사실을 가리킨다. 인간은 비인간과 분리될 수 없으며, 비인간의 존재와 행위가 인간의 인간됨을 구성한다. 이 같은 관점에서 보면, 인간이 다른 인간의 존재와 행위에 영향을 미칠 수 있듯이 비인간도 우리의 존재와 행위를 바꿀 수 있다. 그리고 바로 이런 의미에서 권력은 인간들 간의 관계에서만 발생하는 것이 아니다. 사회와 인간 자체가 이종적

5장 블록체인 P2P의 민주적 기술로서의 가능성

네트워크로 구성되므로 권력 역시 인간-비인간의 네트워크로부터 발생하는 것이다. 네트워크를 주도적으로 건설하는 행위자는 문서, 기계의 구조, 네트워크의 배열 등 다양한 방식으로 다른 행위자들이 해야 할 행위를 '기입(inscription)'할 수 있고, 이 같은 기입을 통해 네트워크상의 비인간 행위자가 다른 행위자들에게 이러저러한 행위를 지시하는 '처방(prescription)'의 능력을 갖게 된다.[6] 기술은 '처방'을 수행하는 대표적인 비인간 행위자다. "코드는 법이다(Code is Law)"[7]라는 말은 오늘날 기술이라는 비인간 행위자가 얼마만큼 우리 인간의 존재와 행위의 조건으로 기능하고 있는지를 보여준다. 그리고 바로 이런 의미에서 기술은 정치적이다.

블록체인의 정치적 성격

블록체인을 다루는 글의 서두에서 기술의 정치적 성격에 대한 논의들을 언급한 것은, 블록체인의 다양한 현실적 활용 가능성에 대한 이야기들에서 한발 물러나 그것의 정치적 성격을 좀 더 깊이 들여다볼 수 있는 관점을 확보하기 위함이다.

랭던 위너는 기술이 정치적 성격을 갖는다는 말의 의미를 두 가지로 나누어 설명하는데, 하나는 "특정한 기술 장치나 시스템의 발명, 설계, 혹은 배치가 한 공동체에서 일어나는 문제들을 해결하는 방식이 되는 경우"이고, 다른 하나는 "'본래적으로 정치적인 기술들'이라 부를 수 있는 경우들로, 사람이 만든 시스템이 특정한 종류의 정치적 관계를 요구하거나 특정한 정치적 관계와 양립

할 가능성이 농후한 것으로 보이는 경우"다.[8]

블록체인은 매우 분명하게 첫 번째 경우에 해당하는 것으로 보인다. 최초의 블록체인 기반 암호화폐 비트코인을 만든 사토시 나카모토(Satoshi Nakamoto)는 현재까지 이어지고 있는 모든 블록들의 연쇄(block-chain)의 시작점인 '제네시스 블록(genesis block)'에 다음과 같은 말을 적어 넣었다. "The Times 03/Jan/2009 Chancellor on brink of second bailout for banks(《타임스》 2009년 1월 3일 자, 영국 재무장관, 두 번째 은행 재정 원조 초읽기)."[9] 이것은 영국 《타임스》의 1면 톱기사 제목을 그대로 옮긴 것으로, 2008년 금융위기를 통해 적나라하게 드러난 우리 시대 화폐·금융·정치·경제·사회의 문제에 대한 인식이 비트코인과 그것의 기반 기술인 블록체인의 배후에 놓여 있음을 보여준다. 블록체인은 단순한 기술적 호기심이나 기술 혁신의 욕망이 아니라 분명하게 "공동체에서 일어나는 문제를 해결하는 방식"이 되기를 의욕하는 기술이다. 실제 해결에 도달할 수 있을지 없을지와 관계없이 말이다.

더 흥미로운 것은 두 번째 경우다. 어떤 기술들이 본질적으로 정치적 성격을 갖는다는 주장은 다시 두 가지로 나누어질 수 있는데, 하나는 "어떤 기술의 체계를 받아들이면 그에 상응하는 특정한 사회적 조건들의 집합이나 그 체계를 뒷받침하는 환경을 조성·유지해야 한다는 주장"이고, 그보다 약한 다른 하나는 "주어진 기술이 특정한 사회적·정치적 관계를 반드시 요구하는 것은 아니지만 대체로 그러한 관계와 양립할 가능성이 높다"는 주장이다. 예컨대 핵발전소를 받아들인다는 것은 필연적으로 그와 관련된

5장 블록체인 P2P의 민주적 기술로서의 가능성

기술·과학·산업·군사 엘리트도 함께 받아들이는 것이 되는데 이는 첫 번째 경우에 해당한다. 태양열과 관련된 에너지 기술들이 화석연료나 원자력에 기반한 에너지 체계에 비해 더 민주적이고 평등한 사회적 관계와 양립할 가능성이 높다는 주장은 두 번째의 사례이다.[10]

첫 번째 경우와 두 번째 경우의 차이를 섬세하게 논하는 것이 여기서 우리의 관심사는 아니다. 두 가지 모두 정도의 차이는 있을지언정 어떤 기술과 특정한 정치적·사회적 관계 사이의 연관성에 관심을 갖는다는 점에서는 동일하기 때문이다. 그리고 P2P 네트워크로서의 블록체인이 갖는 탈중심성이라는 특성의 정치적 함의에 주목하는 이들이 관심을 갖는 부분 역시 그것이다. 예컨대 블록체인이 국가와 정부에 가져올 변화에 주목하는 IT 전문가 전명산이 다음과 같이 블록체인에 대한 (관점에 따라서는 다소 과해보일 수 있는) 기대를 표현할 때, 그가 주목하는 것은 블록체인이 새로운 사회적 관계의 탄생에 기여할 수 있는 가능성이다. "블록체인은 혁명이다. 그것은 기존의 '혁명'이 뜻하는, 권력이 갑자기 전복된다거나 사회 시스템이 갑자기 자본주의에서 사회주의나 공산주의로 바뀐다거나 하는 의미의 혁명은 아니다. 블록체인은 사회를 구성하는 개인들이 공적 관계를 맺는 방식을 근본적으로 바꾸어버린다는 측면에서 이전의 혁명과는 전혀 다른 의미의 혁명이다. …… 21세기에 혁명을 새롭게 재정의하자면, 혁명이란 중앙권력을 대체하거나 재구성하는 것이 아니라 권력을 분산시키는 것이고, 권력이 분산된 상태에서도 사회 시스템이 잘 돌아가도록 만드는 것이다."[11]

인간-비인간의 이종적 네트워크라는 ANT의 아이디어를 통해 블록체인의 정치적 성격을 이해해 볼 수도 있다. 블록체인은 기본적으로 '합의 알고리듬(Consensus Algorithm)'을 바탕으로 하기 때문에, 다수 인간 행위자의 참여와 활동이 없으면 제대로 기능할 수 없는 기술이다. 즉 블록체인은 인간과의 상호작용 없이 기술 그 자체로 돌아가는 기술이 아니다. 많은 블록체인 프로젝트들이 '코인'과 같은 인센티브 장치를 필요로 하는 것은 바로 그 때문이다. 전명산은 이러한 블록체인의 특성에 대해 "블록체인은 기술이 결합된 정치 혹은 정치가 결합된 기술"이라고 말한다. 말하자면 블록체인은 '거번테크(Govern-tech)'로서의 성격을 갖는다는 것인데, 거번테크란 "의사결정 구조(governance)와 과학기술(technology)의 합성어로, 거버넌스(의사결정)와 관련된 어떤 사회적 기술들이 내재되어, 기술 그 자체가 공공 영역의 의사결정 과정에 바로 적용될 수 있는 기술"을 말한다.[12] 아예 블록체인을 정보통신 기술로 보기보다 새로운 형태의 조직화를 위한 도구로 보자는 제안도 있다.[13] 블록체인을 "제도 기술"[14]로 규정하는 것 역시 비슷한 관점을 전제한다. 블록체인이 가져올 것으로 기대되는 변화의 본질도 물리적 기술의 진보에 있다기보다는 신뢰, 합의, 권력의 분배 등 사회적 난제를 해결하는 그것의 혁신적 방법에 있다고 할 수 있다. 이런 의미에서 블록체인은 단순히 물리적 기술이 아니라 "물리-사회적 기술"이라 할 만하다.[2] 그리고 이는 비인간과 인간의 결합이 블록체인의 원리적이고 본질적인 기초임을, 즉 블록체인 혹은 블록체인에 기반한 조직과 사회가 이종적 네트워크로서의 성격을 가짐을 의미한다. ANT가 말하는 이종적 네트워크의 정치성은 블록체인 기술에서 매우 직접적인 함의를 갖는다.[3]

블록체인의 탈중심성과 민주적 기술의 가능성

지금까지의 논의에서 확인되는 것은 블록체인이, 모든 기술이 정치적이라는 철학적 의미에서뿐만 아니라 보다 직접적이고 현실적인 의미에서도 정치적 성격을 갖는다는 점이다. 그리고 그 정치적 성격의 구체적 내용은 대부분 탈중심성 혹은 분산이라는 문제를 중심으로 한다. 사람들이 블록체인 기술에 보내는 지지의 상당 부분은 그것이 약속하는 탈집중화 메커니즘에 기인한다. 블록체인은 P2P와 암호화 기술을 결합하여 가치의 이동과 같이 전통적으로 중앙집중적인 관리가 불가피하다고 생각되었던 문제에서

---

2) "블록체인의 설계 속에는 복잡한 컴퓨터공학, 수학, 암호학만이 아니라 행동경제학, 게임이론, 정치학 등 인문학적 통찰들이 녹아 있다. 블록체인의 해킹을 사실상 불가능하게 만드는 장치는 복잡한 암호학도 있지만, 인간 행위의 동기 분석, 집단 행동 동학, 합의 메커니즘 등 고도의 인문사회학적 지식을 활용한 독특한 합의 구조도 큰 역할을 하고 있다. 블록체인 기술이 태생적으로 사회적 기술의 성격을 강하게 내포할 수밖에 없는 이유다. 그리고 바로 이런 이유 때문에 블록체인은 기존의 사회 시스템을 운영하는 데 필요한 조직, 운영 원리 등을 대체할 수 있는 물리적-사회적 기술이다."(전명산 2017, 110-111)

3) 물론 이러한 의미의 이종적 네트워크로서의 성격은 블록체인만의 배타적 특성은 아니다. 또한 ANT의 이종적 네트워크 개념이 이처럼 직접적이고 가시적인 의미의 이종적 결합과 네트워크만을 다루기 위한 것도 아니다. 그러나 이러한 사실들이 이종적 네트워크라는 개념을 활용하여 블록체인의 정치적 성격을 탐구하는 일을 원리적으로 가로막지는 않는다.

도 탈집중화를 가능케 하며, 이러한 탈집중화의 힘이 정치와 행정을 비롯한 사회 전반으로까지 확대될 가능성에 대한 검토와 기대가 증가하고 있는 것이다.

권력과 자원의 집중은 그 기원을 정확히 알 수 없을 정도로 오래전부터 인간 사회 여러 문제들의 본질적 원인이었다. 그러므로 그 문제를 해결하기 위해 끊임없이 기술적 노력이 이루어지고, 그 결과 획득되는 기술적 혁신에 대해 사람들이 기대를 갖게 되는 것은 당연한 일이다. 그러나 문제가 오래되었다는 것은, 그것이 그만큼 해결하기 어려운 문제이며 새로운 기술의 도입으로 간단하게 처리될 수 있는 문제가 아님을 의미한다. 랭던 위너는 이렇게 말한다. "집중화된 사회적 제약으로부터 일시에 벗어날 수 있을 것이라는 꿈은 지난 한 세기 반 동안 사실상 모든 중요한 새 기술 시스템이 소개될 때마다 반복되었다. 탈집중주의 철학자들이 염두에 두었던 해방은 길고 험한 사회적 투쟁과 같은 계획적인 행동의 최종 목표로 설정된 것이었는데, 기술 낙관주의자들은 이를 단순히 새로운 기계장치를 하나 받아들이면 이루어지게 될 간단한 문제로 만들어버렸다."[15] 새로운 기술이 도입되면 중심화에 따른 소외 현상이 극복될 것이라고 믿는 이러한 "꿈"의 대표적인 사례로 위너가 거론하는 것은, 1924년 교육학자 조셉 K. 하트(Joshep K. Hart)가 새로운 기술 시스템인 전기에 보냈던 다음과 같은 열렬한 예찬이다. "지난 한 세기 동안 모든 일에 집중화가 요구되었다. 그러나 증기의 지배는 거의 끝나가고 있으며, 산업혁명의 새로운 단계가 시작되고 있다. 전기력은 증기에 대한 모든 예속을 완전히 끊고 독립하였다. 전기는 탈집중적인 형태의 동력이다. 전기는 전선을 타고 삶의 모든 세세한 부분과 필요에까지 퍼져나간다. 전기를 가지고 일하면 사람들은 다시 한번 자신의 일을 통제할 수 있는 능력과 자유가 주는 기쁨을 동시에 경험하게 될 것이다."[16] 이러한 예찬이 현실과 얼마나 멀리 떨어져 있는지를 따로 설명할 필요는 없을 것이다. 하트는 전기의 소비와 활용이 분산적 성격을 갖는다는 사실에만 주목했을 뿐, 그 배후에 있는 생산구조와 분배망의 건설이 이루어지는 방식은 생각하지 않았다.

우리가 얻을 수 있는 교훈은, 새로운 기술이 제시하는 탈중심화의 약속은 신중하게 다각도로 검토되어야 한다는 것이다. 사실 탈중심화라는 문제는 단순히 '검토'의 문제가 아니라 어떻게 그것을 실현하고 촉진할 것인가를 고민해야 하는 실천의 문제이기도 하다. 이 글은 그러한 검토와 고민을 수행하고자 한다. 논의의 순서는 다음과 같다.

탈중심성은 블록체인에 와서 새롭게 확보된, 블록체인만의 독보적인 특성이 아니다. 탈중심성은 블록체인도 그 한 종류인 P2P 네트워크의 중요한 특징이며, 인터넷의 역사는 P2P 네트워크의 탈중심화 동학과 그를 저지하고 봉쇄하려는 중심화 동학 사이의 갈등과 투쟁으로 점철되어 있다. 모든 기술들이 그렇듯이 블록체인 역시 어느 날 갑자기 하늘에서 떨어진 것이 아니라 역사적 배경을 가지고 있는 것이다. 블록체인의 기술적·정치적 특성을 보다 잘 이해하기 위해서는 그러한 배경에 대한 검토가 필요하며, 2절의 내용이 그것이다.

P2P 네트워크와 그에 기반한 동료생산(peer production)은 현대 자본주의 성격 규정의 핵심에 있는 문제이기도 하다. 인터넷의 출현과 그를 둘러싸고 벌어진 중심화-탈중심화 투쟁 역시 현대 자본주의 생산양식과의 관련 속에서 이해할 수 있다. 현 시기 자본주의는 플랫폼과 금융이라는 장치를 통해 P2P 네트워크에 기대어 그것으로부터 지대적 성격의 이윤을 추출해내는 지대 수취 경제다. 탈중심화 기술로서의 블록체인의 잠재력과 운명에 대한 충분한 고찰은 이러한 동시대 생산양식의 성격이라는 보다 넓은 문제지평에 대한 검토를 생략할 수 없다. 3절은 이 문제를 다룬다.

블록체인을 대표로 하는 새로운 P2P 네트워크들의 탈중심성이 플랫폼과 금융을 통한 자본의 이윤 추출 메커니즘에 완전히 포획된다면, P2P의 탈중심성은 결국 자본에 유리한 재집중화를 위한 제한적·도구적 탈중심성에 그치고 말 것이다. P2P의 탈중심성이 진정으로 새로운 변화의 움직임으로 이어지려면, P2P 네트워크에 대한 다른 방식의 관리·조직·운영 원리가 필요하다. 4절은 커먼즈(commons)가 그러한 대안적 원리로 기능할 수 있는 가능성을 검토할 것이다.

루이스 멈포드(Lewis Mumford)는 1964년에 발표한 논문[17]에서 권위적 기술과 대립되는 민주적 기술에 대해 이야기한 바 있다. 멈포드가 민주적 기술을 말할 때 염두에 두고 있는 민주주의의 특징은 협력적으로 이루어지는 자기통치(self-government), 동등한 사람들 사이의 자유로운 커뮤니케이션, 인류 공통의 지식에 대한 자유로운 접근, 자의적인 외적 통제의 배제 등이다. 민주적 기술이란 이러한 의미의 민주주의와 본질적으로 조화될 수 있으며 그것에 기여할 수 있는 기술을 말한다. 블록체인이 제시하는 탈중심화와 분산의 약속에 환호를 보낼 때, 사람들이 실제로 기대하는 것은 이 같은 민주주의, 민주적 기술의 가능성일 것이다. 블록체인 P2P 가 민주적 기술이 될 수 있는 잠재력을 가지고 있는지, 가지고 있다면 그 잠재력을 현실화하기 위해서는 무엇을 경계하고 무엇을 활성화해야 하는지가 이 글이 위의 논의들을 통해 궁극적으로 살피고자 하는 바이다.

2. 탈중심성이라는 문제: P2P와 웹2.0

블록체인의 앞날을 이야기할 때 인터넷의 운명이 많이 참조되곤 한다. 블록체인의 등장과 관련하여 "인터넷의 귀환(Return of the Internet)"[18]이라는 표현을 쓰기도 하는데, 이때 귀환하고 있다고 혹은 귀환할 것이라고 말해지는 것은 현재와 같이 몇몇 공룡들이 지배하는 공간으로서의 인터넷이 아니라 "인터넷이 분산적이고 평등하고 유연한 세상을 가져올 것이라는 초기 인터넷 시대의 믿음"이 꿈꾸었던 인터넷이다. 그런데 이러한 믿음과 함께 시작했던 인터넷의 운명을 지금 우리는 알고 있다. 오늘날 인터넷은 "'권력 재집중'을 위한 더 효과적인 플랫폼"으로 변모하고 말았다.[19]

그러나 이러한 변화가 최종적인 것은 아니다. 블록체인은 "권력 재집중을 위한 더 효과적인 플랫폼"이 인터넷의 궁극적이고 최종적인 운명이 아니며 P2P 방식의 더 분산적이고 탈중심적인 관계가 가능함을 입증하고 또 그것을 실현하려는 가장 근래의 움직임으로 이해될 수 있다. 이더리움과 같은 블록체인 프로젝트는 현재 데이터의 독점을 가능케 하고 있는 인터넷의 기술적 특성—중앙서버에 의해 움직이고 있다는 특성—을 문제 삼고, 그 근본적인 패러다임 자체에 도전하려 한다. 이더리움의 창시자 비탈릭 부테린은 "우리 모두가 어떤 서버를 통하지 않고 문서와 내용에 접근할 수 있는 탈중심적인 인터넷 네트워크를 건설할 것"이라고 말한다.[20]

블록체인이라는 기술을 기반으로 하는 이 같은 탈중심화 노력의 배후에는 인터넷 중심화 동학과 탈중심화 동학의 오랜 대립과 갈등의 역사가 있다. 이 역사에 대한 일정한 이해 없이는 블록체인 P2P의 탈중심화 동학이 어떻게 탄생했으며 어떤 의미를 갖는지를 충분히 숙고할 수 없다.

인터넷의 탈중심화 동학

우선 이항우의 논의[21]에 기초하여 탈중심화 동학을 먼저 살펴보자. 이항우는 이 문제를 기술적(패킷 스위칭 시스템), 사회문화적(해커 윤리), 사회운동적(자유소프트웨어 운동) 측면 등으로 나누어 고찰한다.

클라이언트-서버 모델과 분명히 구분되는 것으로서 P2P 모델이 널리 인식되기 시작한 것은 1999년 냅스터의 등장 이후지만,

사실 기술적으로 인터넷은 원래 탈중심 네트워크로 디자인되었다. 인터넷의 모태라고 할 수 있는 아르파넷(ARPAnet)은 적의 미사일 공격에 의해 네트워크의 일부가 파괴되어도 네트워크 전체의 기능이 보존되도록 설계되어야 했으며, 따라서 필연적으로 분산 네트워크 기술에 기댈 수밖에 없었다. 이러한 이유로 아르파넷은 '서킷 스위칭(circuit switching)' 시스템이 아닌 '패킷 스위칭(packet switching)' 시스템을 기반으로 설계되었는데, 서킷 스위칭 시스템이 전통적인 전화통신망에서와 같이 모든 신호가 중앙의 교환 장치를 거쳐야만 하는 중앙집중형 통신 모델로서 중앙 장치가 손상되면 전체 시스템이 붕괴하는 약점을 가진 데 반해, 패킷 스위칭 시스템은 데이터를 여러 조각으로 나누어 각각의 조각들을 무작위의 순서와 경로로 네트워크상의 최종목적지에 보내되 목적지에 도달하면 다시 온전한 형태로 합쳐지게 하는 기술이기 때문에 특정 경로가 파괴되어도 네트워크의 작동에는 문제가 없다. 실제로 1990년대까지 대부분의 컴퓨터 통신은 이처럼 탈중심적이고 분산적인 네트워크를 기반으로 이루어졌다.[22]

인터넷 탈중심화 동학의 사회문화적 뿌리는 해커 윤리와 문화에서 찾아볼 수 있다. 대중매체와 일반인들의 관념은 해커를 디지털 범죄자로 취급하는 데 익숙하지만, 본래 해커는 "어려운 기술적 과제들을 쾌활한 공동체 정신에 입각한 윤리로 해결하는 일에 뛰어난 재능을 보이는 프로그래머들"을 가리키는 말이다.[23] 1960년대 초 MIT의 열정적인 프로그래머들이 스스로를 해커라고 부르기 시작하면서 자리 잡은 이후 현재까지 인터넷 세계에 지속적인 영향력을 행사하고 있는 해커 윤리는 "컴퓨터에 대한 접근은 무제한적이고 완전해야 한다", "모든 정보는 자유로워야 한다", "권위를 불신하라-탈중심화를 촉진하라", "해커들은 학위, 나이, 인종, 지위와 같은 거짓 기준이 아니라 자신들의 해킹에 의해 평가되어야 한다", "컴퓨터로 예술과 아름다움을 창출할 수 있다", "컴퓨터는 당신의 삶을 더 나은 것으로 바꿀 수 있다" 등과 같은 명제들로 구성된다.[24] 해커들은 지식과 정보를 비롯한 중요한 사회적 자원들의 탈중심화를 더 나은 세계를 만들기 위한 필수적인 조건으로 간주하며, 해커 계급은 오늘날 정보·지식·문화의 생산·저장·분배 수단을 소유함으로써 새로운 지배 계급으로 등장하고 있는 벡터 계급에 맞서 인터넷의 탈중심화를 추동하는 저항을 수행한다.[25][4]

마지막으로 인터넷의 탈중심화 동학은 사회운동적 측면에서도 역사적 근거를 가지고 있는데, 대표적인 사례는 리처드 스톨먼(Richard Stallman)이 주도한 자유소프트웨어 운동이다. 현대 자본주의의 지적 재산권 시스템에 대한 근본적인 문제의식에서 출발한 〈자유소프트웨어 재단〉의 카피레프트 운동은 "소프트웨어의 사용, 연구, 복제, 공유, 변경, 재배포의 자유를 보장하는 일반공중라이선스(General Public Licence, GPL)를 실행하고 있는바, 그것은 '프로그램을 어떠한 목적으로든 구동할 자유', '소스코드에 접근하여 필요에 따라 프로그램을 개조할 자유', '프로그램의 복사본

---

4) 벡터 계급과 해커 계급에 대한 자세한 논의는 3절 참조.

을 유료로든 무료로든 재배포할 자유', '개조된 프로그램을 배포할 자유'를 보장한다." 특히 GPL에 따라 제공받은 소스코드를 수정하여 만든 새로운 소프트웨어는 반드시 본래의 자유소프트웨어와 동일한 라이선스로 배포되어야 한다는 규정이 공유 프로그램의 확산을 촉진하는 장치로 기능한다. 이 운동은 실제로 그누/리눅스, 아파치, 마이스퀄 등 다양한 동료생산 프로젝트들의 기반이 되었을 뿐만 아니라, 이후 로렌스 레식(Lawrence Lessig)에 의해 소프트웨어 이외의 다른 영역들에서도 사용될 수 있는 퍼블릭 라이선스인 크리에이티브 커먼즈 라이선스(Creative Commons Licence, CCL)가 만들어지는 데도 영향을 주었다.[26] GPL과 CCL은 "커먼즈를 인클로저(enclosure)로부터 보호하는 일종의 법적 인프라"로서, 탈중심적인 P2P의 방식으로 디지털 커먼즈가 성장하고 확산하는 데 매우 중요한 역할을 담당해왔다.[27]

웹2.0, 집중과 포섭의 논리

지금까지 살펴본 것과 같은 탈중심적 움직임만 있었다면 인터넷의 모습은 지금 우리가 아는 바와 많이 달랐을 것이다. 현재의 인터넷은 자유로운 행위자들이 어떠한 제약이나 경계도 없이 만나고 나누고 협력하고 생산하는 개방적 공간이라기보다는, 울타리 쳐진 몇 개의 거대한 장원들을 중심으로 정치·경제·사회 생활이 이루어지던 봉건 시대의 세계를 닮았다. 인터넷이 매우 중심화된 네트워크가 되었다는 것은, "거의 모든 인터넷 자원이 소수의 인터넷 서비스 제공자에게 집중된 클라우드 컴퓨팅의 일반화"
에서 확인할 수 있다.[28] 그리고 그 배후에는 웹2.0이라는 경영 전
략적 수사(修辭)와 그러한 전략을 채택하고 있는 거대 플랫폼 기업
들이 있다. 웹2.0은 2004년에 팀 오라일리(Tim O'Reilly)가 제안한
용어로서, 사용자의 적극적인 참여와 공유를 전면에 내세우는 새
로운 이윤 창출 전략이다. 닷컴 붕괴라는 위기에 대한 대응으로
등장한 웹2.0은 획기적인 성공을 거두었으며 지금까지도 구글, 페
이스북, 아마존, 애플 등 플랫폼 기업들이 제공하는 웹 서비스의
기본적인 특징으로 남아 있다.[29] 이 거대 플랫폼 기업들은 "사회
적으로 생산된 이용자 활동 결과물을 플랫폼을 통하여 사적으로
수취"하며, "이용자들의 '협력적 일상활동(crowd sourcing)'을 '구름
저편(cloud computing)'의 데이터센터로 이동시켜서 미래의 수익창
출을 위한 '빅데이터'로 보관한다."[30] 《와이어드(Wired)》는 2010년
에 표지 기사를 통해 '웹 사망 선고'를 내린 바 있는데, 이러한 선
언의 배후에는 "수평적인 연결을 통해 존재하던 웹페이지 기반 디
지털 아카이브가 거대 플랫폼 제공 서비스 업체의 빅데이터로 전
환되면서 데이터의 독점과 거대 축적이 일어나고 있는" 현실이 존
재하는 것이다.[31] 소프트웨어 개발자이자 미디어 아티스트인 드
미트리 클라이너(Dmytri Kleiner)는 이렇게 말한다. "웹2.0의 임무
는 인터넷의 P2P적 양상을 파괴하고 당신과 당신의 컴퓨터 그리
고 당신의 인터넷 접속을, 당신의 소통 능력을 통제하는 중앙집중
화된 서비스 접속에 의존하도록 만드는 것이다. 웹2.0은 자유로운
P2P 시스템의 몰락이자 획일적인 온라인 서비스의 회귀이다."[32]

사실 구글, 아마존, 페이스북, 애플과 같은 기업들을 대표로 하는 웹2.0 플랫폼 자본주의는 단순히 데이터를 독점하고 축적하는 수준을 넘어선다. "플랫폼으로서의 웹을 구축함으로써 가치 생산이 가능한 지점들을 삶의 전 평면으로 확대하고, 이 위에서 이루어지는 전 세계 사용자들의 다양한 생산, 참여, 공유 활동들(곧, 자유/무료 노동)을 가치 창출의 메커니즘 속으로 흡수하는 것"이야말로 이전의 이윤 창출 방식과 구분되는 플랫폼 자본주의의 특성이다. 다시 말해 "웹2.0은 (인터넷상에서의) 다양한 행위, 관심, 사고, 열정, 욕망, 관계, 평가, 협동, 감정, 표현 등을 잉여가치의 사슬 속으로 흡수 및 전유해나가기 위한 전략적 발판이다."[33] 이윤 창출의 근거이자 장소라는 점에서 플랫폼은 산업자본주의 단계에서 공장이 수행하던 역할을 담당한다고 할 수 있다.[34]

흥미로운 점은 웹2.0의 플랫폼 자본주의가 개방·참여·공유와 같은, 탈중심성을 특징으로 하는 P2P의 논리를 전면에 내세운다는 것이다. "'참여', '공유', '협력'이라는 디지털 시대의 새로운 생산 원리가 애초에는 동료생산 모델에서 배태된 것임에도 불구하고, 지금은 오히려 웹2.0 기업의 독점적 시장 전략의 강력한 수사로 작동"하고 있는 것이다.[35] 그러므로 플랫폼 자본주의와 P2P 논리/네트워크의 관계는 단순히 대립적이지 않다. 웹2.0의 플랫폼 자본주의는 P2P 네트워크와 동학을 그저 거부하거나 제거하는 것이 아니라 자신의 이윤 창출에 도움이 되는 방식으로 그것을 흡수한다. 물론 그와 같은 과정에서 P2P와 동료생산의 본질적인 잠재력은 거세된다. 예컨대 페이스북에서 우리는 다른 사람들과 어떠한 중심이나 위계도 없는 수평적이고 개방적인 관계를 맺는 것 같지만, 그 관계는 페이스북이라는 울타리 쳐진 플랫폼의 조건을 받아들이고 그것에 갇히는 한에서만 성립한다. 그뿐 아니라 그러한 관계로부터 파생되는 생산물은 다시 그 관계를 풍요롭게 하기 위해 재투여되는 것이 아니라 페이스북이라는 특정 기업의 이윤 창출 회로 속으로 흡수된다.

웹2.0 기업들을 지탱하는 클라우드 플랫폼, 클라우드 컴퓨팅의 본질은 중앙집중적인 컴퓨팅의 구축에 있다. 물론 이러한 중앙집중화가 직접적인 의미의 폭력을 동반하는 강제를 통해 이루어지는 것은 아니다. 클라우드 컴퓨팅, 플랫폼은 사용자들에게 많은 편리와 효용을 가져다주는 것으로 정당화되며, 실제로 사람들은 '자유의사'에 따라 플랫폼에 참여한다. "현재의 인터넷 환경은 사용자의 자유와 이에 대한 기업의 관리가 인터넷의 기술적 구조를 중심으로 정확히 맞물려 있는 모양새라 할 수 있다."[36] 그러나 플랫폼 기업의 이윤 창출 논리가 지배하는 폐쇄적인 구조의 인터넷에서 구현되는 '자유'란 실은 매우 제한적인 의미의 자유, 혹은 어쩌면 환상에 지나지 않는다. "공장에 고용된 노동이 기계의 배치와 생산과정의 형식에 완전히 포섭되어 자신의 노동력에 대한 통제력을 잃는 것과 마찬가지로 네트상의 이용자 활동도 주어진 플랫폼에 의해 규제되고 통제당하기는 마찬가지다. 단지 이용자가 공장 안에 있지 않고 자본의 직접적 통제를 노동시간 안에서 받지 않으며 자신의 활동에 기반을 두고 서비스를 사용하고 있는 측면이 있기 때문에 자본에 대한 예속성이 은폐"될 뿐이다.[37]

집중화로 인한 네트워크의 불안정성, 데이터 독점에 기반한 감시사회의 등장 등도 자주 거론되는 웹2.0 플랫폼 자본주의의 문제다. 클라우드 컴퓨팅은 네트워크의 효율성을 높여준다는 장점에도 불구하고, 단 한 곳의 기능장애로 인해 전체 네트워크가 붕괴되는 일을 막고자 한 초기 인터넷의 구상과 전혀 다른 모습의 인터넷을 만들어내고 있다. 무수한 인터넷 이용자들의 네트워크 활동이 소수 클라우드 플랫폼들의 결정과 운명에 좌우되는 상황이 되어버린 것이다. 더 큰 문제는 데이터와 권력의 관계에서 발생한다. 데이터가 소수의 플랫폼 기업들에 의해 독점되고 있다는 사실은, 반대편에서는 사용자들이 자신이 생산하는 데이터에 대한 통제력을 점점 더 상실해가고 있음을 의미한다. 이러한 상황이 사회에 대한 권력의 감시·통제 욕구와 만날 때 벌어질 수 있는 일의 위험성은 자세히 거론할 필요가 없을 것이다.[38]

이처럼 현재와 같이 몇몇 거대 클라우드 플랫폼 기업들을 중심으로 하는 집중화된 네트워크의 문제는 심대하다. 블록체인에거는 세부적인 기대는 사람마다 다르고 한 가지가 아니지만, P2P 기술 발전의 가장 최신 버전으로서의 블록체인, 탈집중화와 분산의 기술로서의 블록체인에 주목하는 이들이 기대하는 것은 블록체인이 초창기의 이상과 너무나도 멀어져버린 이 시대의 인터넷 현실을 바꾸는 강력한 도구가 될 수 있으리라는 것이다. 실제로 그러한 기대가 실현될 수 있다면, 그것의 의미는 결코 작지 않다. 오늘날 인터넷은 단순히 현실세계와 구분되는 가상공간에 그치는 것이 아니라, 인터넷에서 일어나는 변화가 곧 세계 그 자체의 변화이기도 하기 때문이다. 지금까지의 논의에 어느 정도 함축되어 있지만, 정보화된 네트워크와 현실세계의 중첩 혹은 구분불가능성은 P2P라는 문제를 단순한 기술적 영역과 의미 너머까지 확장시킨다. P2P와 커먼즈의 결합을 통한 사회변화를 위해 설립된 〈P2P 재단(P2P Foundation)〉[5]은, P2P가 디지털 영역이나 첨단 테크놀로지와만 관련된 것이 아니고, 그 핵심은 "비강제적이고 비위계적인 관계들이며, 그러한 특질들은 인간 사회를 근본적으로 변화시킬 잠재력을 가진다"고 말한다.[39]

같은 관점에서, P2P와 동료생산의 자본주의적 흡수와 활용 역시 단지 인터넷 공간에만 한정되지 않는다. 이미 일부 살펴본 셈이지만, P2P 네트워크의 중요한 특징인 개방, 협력, 자율, 공유 등은 현 시기 자본주의 생산양식의 핵심적 가치이자 특성이 되어 가고 있다. 물론 저 가치들의 자본주의적 전유와 활용은 일정한 희생, 소외, 왜곡을 전제로 한다. 그러므로 블록체인 P2P 네트워크의 잠재력이 단순히 새로운 이윤 창출 도구로 쓰이는 데 그치지 않고, 진정으로 개방적이고 수평적이고 자율적인, 한마디로 민주적인 사회로의 이행에 기여할 수 있기를 바라는 입장에서는 인터넷을 넘어서 전체 자본주의 생산양식이라는 관점과 지평에서 P2P와 동료생산의 문제를 고찰할 필요가 있다.

---

5) https://P2Pfoundation.net/

3. P2P와 현대 자본주의

앞서 이야기했듯이 P2P는 기술적 의미로만 한정되어 사용되는 개념이 아니다. 〈P2P 재단〉의 이론가이자 커먼즈 활동가인 미셸 바우엔스(Michel Bauwens)는 이렇게 설명한다. "P2P는 모든 개인이 다른 모든 개인과 연결되는 것을 '특별한 허가 없이' 허용하는 관계 동학입니다. 원한다면 '네트워킹의 자유'라고 부를 수도 있을 것입니다. 이는 줄곧 소집단들의 특징이었지만 최근에는 테크놀로지에 의해서 큰 규모에서도 가능하게 되어 (위계를 특징으로 하는 국가와 자본주의적 시장 동학의 능력을 넘지는 못하더라도 그것과 맞먹는) 전 지구적인 '오픈소스' 시민 네트워크들과 생성적(generative) 경제조건의 가능성을 창출하고 있습니다."[40]

이론가나 사회운동가들 가운데는 이처럼 개방적이고 수평적인 P2P의 원리가 자본주의와 근본적으로 양립할 수 없다고 보는 이들도 있다. 가령 클라이너는 이렇게 주장한다. "인터넷과 같은 피어 네트워크(peer network)에 의해 가능해진 비위계적 관계들은 인클로저와 통제를 필요로 하는 자본주의와 모순된다. 이것은 목숨을 건 싸움이다. 우리가 아는 바의 인터넷이 사라지거나, 우리가 아는 바의 자본주의가 사라져야 한다."[41] 그러나 앞서 부분적으로 살펴보았듯이 P2P와 자본주의의 관계는 그렇게 단선적이지 않다.

현대 자본주의 생산양식의 성격을 지칭하기 위한 개념들은 다양하다. 정동 자본주의(Affective Capitalism), 인지 자본주의(Cognitive Capitalism), 네트지배 자본주의(Netarchical Capitalism),

벡터 자본주의(Vectoral Capitalism), 네트워크화된 정보 경제(Networked Information Economy), 삶정치적 생산(Biopolitical Production)과 같은 개념들이 그것이다. 개념과 이론마다 핵심 내용이나 강조점에 차이가 없는 것은 아니지만, 현대 자본주의가 P2P적 관계에 기반한 동료생산―이것을 가리키는 개념 또한 다양하다―을 중요한 기반으로 한다는 진단은 공통적이다. 현 시기 자본주의에서는 "자본의 지휘나 명령과는 무관하게 자발적으로 이루어지는 네트워크 속 인구들의 대규모 협력이 많은 사회적·경제적 부와 가치를 생산"한다는 것이다.[42] 자본은 점점 더 이러한 사회적 동료생산의 외부로 밀려나며, 그 결과 자본의 이윤은 생산된 가치를 생산과정 외부에서 추출(extract)한 지대(rent)의 성격을 띠게 된다. 이것을 더 자세히 살펴보자.

정동 자본주의, 인지 자본주의, 벡터 자본주의

정동 자본주의론 혹은 인지 자본주의론은 이름 그대로 사람들의 정동(affect)이나 인지 활동, 그리고 무엇보다도 그러한 정동·인지 활동들 사이의 연결이 오늘날 자본이 수취하는 이윤의 본질적인 원천이 되었다고 보는 이론이다. 정동 자본주의론에 따르면, "정동 자본주의는 원료나 단순 노동과 같은 물질 요소보다는 지식이나 정동과 같은 비물질 요소에 대한 투자가 자본 축적의 관건이 되는 경제 체제이다." 그것은 또한 "기업 내부의 위계적이고 수직적인 노동 분업보다는 전체 사회의 네트워킹을 통한 인구들 사이의 대규모 협업에 더욱 의존하는 경제 시스템이다. 비물질재의 생산을 위하여 개별 공장 담벼락을 넘어선 사회 전체의 긍정적 네트워크 외부성을 최대한 확보하는 것에 집중하는 경제인 것이다." 그 결과 "오늘날 사회적 부와 가치 생산은 기존의 고용된 임금노동에 국한되지 않고 고용 관계 외부의 다양한 일상적·사회적 활동이 지닌 인지적·문화적·심미적·정동적 요소에 기인하는 것이 되고 있다."[43] 인지 자본주의론 역시 비슷한 사태를 서술한다. "인지 자본은 다중(multitude)의 인지 활동들에 자유와 효율성을 부과하면서 그 분산된 활동들을 집중시키고 연결시키도록 설계된 알고리듬을 독점함"으로써 이윤을 창출한다. "다중들의 자유로운 인지 활동들은 광범한 인지적 토지를 만들어낸다. 그 인지적 토지를 포획할 장치[예컨대 구글의 페이지랭크(PageRank)]를 만들고 그것에 대한 지적 소유권만을 유지함(독점함)으로써 관계의 잉여가치, 흐름의 잉여가치, 소통의 잉여가치, 네트워크 잉여가치"를 추출해내는 것이다.[44] 여기서 '인지적 토지'란 사람들의 개방적이고 수평적인 관계 및 소통, 그것의 원인인 동시에 결과인 인지적 흐름, 그리고 이러한 연결과 흐름의 상태에 다름 아닌 P2P 네트워크가 자본주의적 지대 수취의 기반이 된다는 점을 나타내기 위한 표현이다.

미디어·문화 이론가이자 정치철학자인 메켄지 워크(McKenzie Wark)에 따르면, 인지·정동 자본주의하에서 중심적인 사회적 대립과 갈등은 벡터 계급(vectoral class)과 해커 계급(hacker class) 사이의 대결로 나타난다. 벡터(vector)란 동료(peer)들 간의 관계·소통·연결 등을 일종의 흐름으로 볼 때, 그 흐름이 이루어지는 경로 내지 수로로 이해할 수 있다. 벡터 계급은 마치 산길을 막고 통행료를 받는 산적처럼, 벡터를 독점하고 그로부터 이윤을 추출해내는 최신의 지배 계급이라고 할 수 있다. 이들은 "음악, 영화, 방송, 출판, 신문 등의 부문에서 지적 재산권의 소유와 통제를 통해 막대한 지대를 축적하는 전통적인 콘텐츠 벡터(contents vector) 계급과 데이터베이스, 서버, 소프트웨어 서비스 등의 부문에서 플랫폼의 소유와 통제를 통해 커다란 새로운 지대 수익을 얻는 플랫폼 벡터(platform vector) 계급"으로 나뉘며, 양자는 "지적 재산권의 소유와 사용을 둘러싸고 종종 서로 대립하고 갈등하지만, 디지털 네트워크에서 창출되는 경제적 부와 가치는 그들 사이에서 대체로 원만하게 나눠진다."[45] 해커 계급은 실제로 컴퓨터를 활용하여 해킹을 수행하는 이들의 집단을 가리키는 개념이 아니라, 정보 커먼즈(Information commons)의 인클로저에 저항하고, 벡터 계급이 사적으로 소유하고 있는 벡터를 사회화하고 민주화하기 위해 싸우는 사회적 생산자들 전체를 가리킨다. "해커 계급은 벡터를 상품의 지배로부터 해방시키려 한다. 그러나 그것은 벡터를 무차별적으로 자유롭게 놔두기 위해서가 아니라, 집합적이고 민주적인 발전에 종속시키기 위해서이다."[46] 다시 말해 해커 계급은 동료생산의 생산성과 생산물이 자본주의적으로 활용되고 수탈되는 것에 반대하고, P2P 네트워크의 개방적이고 자율적이고 협력적이고 민주적인 성격을 지키고 발전시키려는 사회적 움직임을 지칭한다고 할 수 있다.

삶정치적 생산

안토니오 네그리(Antonio Negri)와 마이클 하트(Michael Hardt)는 '삶정치적 생산'이라는 개념을 중심으로 P2P에 기반한 현대 자본주의적 생산양식의 특성을 포착하려 한다. 삶정치적 생산의 이론은 앞서 살펴본 인지 자본주의 혹은 정동 자본주의 개념의 내용을 포괄함과 동시에, 인지 노동과 정동 노동이 수행하는 사회적 생산의 의미를 더 깊은 곳까지 탐구한다. 삶정치적 생산을 수행하는 삶정치적 노동은 "정보흐름, 소통네트워크, 사회적 코드, 언어적 혁신, 정동과 정념의 행위의 수준"에서 이루어지며, 아이디어·코드·이미지·정동, 그리고 무엇보다 사회적 관계를 생산한다.[47] 그런데 이러한 요소들은 전통적인 산업 자본주의의 물질적 생산 요소·생산물들과 달리 직접적으로 인간의 삶형태(form of life) 및 인간 자신의 주체성과 관련되는 것들이다. 요컨대 삶정치적 생산의 가장 궁극적인, 그리고 가장 중요한 생산물은 사회적 삶형태와 주체성 자신이다. "상품 생산은 종종 주체를 위한 객체(대상)의 생산으로 이해되지만, 사실 삶정치적 생산의 궁극적 핵심은 주체성 자체의 생산"인 것이다.[48] 이때 주체성은 고립된 개인이 아니라 사회적 협력 가운데 있는 주체의 존재와 능력을 말한다. 그러므로 삶정치적 생산이 주체성을 생산한다는 말은 결과적으로 사회 자체를 생산한다는 말로도 이해될 수 있다.

삶정치적 노동은 개별적인 노동자의 노동이 아니라 피어들의 수평적 네트워크가 수행하는 협력의 노동이다. "아이디어·이미지·코드는 고독한 천재가 생산하는 것도 아니고 보조하는 도제를 둔 장인이 생산하는 것도 아니며, 협력하는 생산자들의 광범위한 네트워크가 생산하는 것"이기 때문이다.[49] 그러므로 삶정치적 생산은 본질적으로 요하이 벤클러(Yochai Benkler)가 이야기하는 커먼즈 기반 동료생산(Commons-Based Peer Production)과 유사하다. 벤클러는 커먼즈 기반 동료생산을 이렇게 설명한다. "네트워크 환경이 생산의 조직화를 위한 새로운 양식을 가능하게 한다. …… 새로운 생산양식은 철저하게 탈중심화(decentralized)되어 있고, 협업적(collaborative)으로 이루어지며, 배타적 소유권을 전제로 하지 않는다(nonproprietary). 이 새로운 생산양식은 자원을 공유하며 생산된 산출물을 광범위하게 배포할 수 있다. 시장의 신호에 좌우되거나 관리적 명령에 의존하지도 않으며, 서로 느슨하게 연결된 개인들을 기반으로 한다. 이 생산양식이 커먼즈 기반 동료생산"이다.[50] 커먼즈는 자본("시장의 신호")과 국가("관리적 명령") 모두에 대해 독립적인 자원·조직·원리·거버넌스 등을 가리키는 개념이다. 네그리와 하트는 '공통적인 것'이라는 개념을 사용하는데, 공통적인 것(the common)과 커먼즈(commons)는 추상의 정도에서만 차이가 있을 뿐 본질은 같다. 요컨대 삶정치적 생산은 자본의 사적 관리와 국가의 공적 통제 모두로부터 자율적인 공통적인 것에 기반한 개방적이고 수평적인 네트워크를 통해, 즉 P2P의 방식으로 이루어진다.

삶정치적 생산은 이처럼 자율적이고 협력적인 P2P 네트워크에 의해 이루어지기 때문에, 전통적인 산업 생산에서처럼 생산을 관리하거나 통제하거나 매개하는 별도의 역할이나 존재는 점점 더 존재이유를 상실하게 된다. "삶정치적 생산은 지휘자 없이 박자를 맞추는 오케스트라이며, 만일 누구라도 지휘대에 오른다면 오케스트라는 연주를 멈추게 될 것이다."[51] 블록체인의 가장 중요한 특질 가운데 하나인 중재자 혹은 매개자의 배제는 블록체인만의 특성이 아니라 현대적 생산방식에서 갈수록 중요성이 커져가고 있는 일반적 특징인 것이다. 이 때문에 자본은 적극적이고 주도적으로 생산을 조직하고 관리하던 전통적 기능과 역할을 상실하고, 점점 더 생산과 노동에 대해 외부적 위치에 놓이게 된다. 그리고 이에 따라 자본의 이윤은 점차 지대로서의 성격이 강해진다. 본래 지대는 토지 소유자에게 발생하는 소득을 가리킨다. 그러나 오늘날 많은 연구자들은 지대 개념이 토지를 둘러싼 상품관계를 넘어서 적용될 수 있다고 보며, 특히 현대 정보 경제의 특징을 지대 개념을 통해 서술한다.[52] 일반화하여 설명하면, 이윤은 자본이 생산과정에 내적으로 관여함으로써 창출되는 것인 데 반해, 지대는 생산과정의 외부에서 잉여를 추출해내는 방식이다. 삶정치적 생산은 공통적인 것, 즉 자율적이고 협력적인 네트워크에 의해 이루어지고 자본은 그것에 직접 개입하기보다 생산된 가치를 외부에서 추출해내는 장치를 통해 수익을 얻고 있으므로, 이때 수익은 이윤이라기보다는 지대의 성격을 띤다. 역사적으로 자본주의적 수익의 지배적 형태는 지대에서 이윤으로 이동해왔는데, 오늘날에는 정반대의 현상이 벌어지고 있는 것이다.

지대 추출 장치로서의 플랫폼과 금융

이런 의미에서 현재 자본주의는 지대 수취 경제라고 할 수 있다. 그리고 이 시대 가장 지배적이고 효과적인 지대 추출 장치로 기능하고 있는 것이 바로 플랫폼과 금융이다. 플랫폼이 지대 추출 장치라는 것은 앞 절의 내용에서 분명하게 드러난다. 이항우의 서술을 빌려 다시 한번 요약하자면, "플랫폼에서 유통되고 생산되는 거의 모든 콘텐츠와 데이터는 사용자들이 스스로 만들고 생성한 것들이지만, 그로부터 나오는 모든 경제적 부와 가치는 플랫폼을 제공한 자본에 의해 사적으로 전유된다. …… 지주와 마찬가지로, 자본은 더 이상 상품의 생산과정에는 직접적으로 개입하지 않으면서도, 단지 플랫폼을 제공했다는 이유로 생산된 가치의 대부분을 생산의 외부로 가져가고 있는 것이다."[53]

금융은 플랫폼보다 더 높은 추상의 수준에서, 플랫폼보다 더 광범위한 영역을 포괄하는 지대 추출 장치다. 인지 자본주의, 정동 자본주의, 벡터 자본주의는 동시에 금융 자본주의이기도 하다. 금융 자본은 플랫폼 자본보다 생산과정으로부터 먼 곳에 위치한다. 플랫폼은 생산의 '장소'로 기능하는 면이 있지만, 금융은 생산과의 그러한 최소한의 관계마저도 벗어버린다. 다시 말해, "금융에 핵심적인 것은 금융이 생산과정 외부에 존재한다는 점이다. 금융은 사회적 노동력을 조직하려 하지 않으며 어떻게 협력해야 할지를 지시하려 하지도 않는다. 금융은 삶정치적 생산에 자율성을 부여하며 그럼에도 불구하고 멀리 떨어져서 삶정치적 생산으로부터 부를 추출해낸다"[54] 금융 자본이 현 시기 자본의 헤게모니적 형태인 것은 금융이 P2P 네트워크에 의한 사회적 생산의 자율성을 가장 높은 추상의 수준에서, 따라서 가장 광범위하게 포획할 수 있는 장치이기 때문이다. 금융은 고정되고 국지적인 생산의 '점'들이 아니라 사회적 관계와 흐름, 네트워크 전체를 대상으로 수익의 추출을 도모하며, 그런 의미에서 오늘날 자본주의적 생산의 사회적 성격에 가장 잘 조응하는 지대 추출 장치인 것이다. 요컨대 "금융은 공통적인 것을 가장 광범한 사회적 형태로 포착한다. 그리고 추상을 통해 공통적인 것을 교환될 수 있는 가치로 표현하며 그러는 가운데 이윤을 창출하기 위해 공통적인 것을 신비화하고 사유화한다."[55] 공통적인 것, 즉 P2P적 관계의 자율·개방·협력적 특성으로부터 자본주의적 수익을 창출하기 위해서는 그것에 울타리를 쳐서 사유화해야 하며, 공통적인 것을 사유화한다는 것은 정의상 그것을 훼손한다는 것, 신비화한다는 것이다. 얼핏 보기에 금융과 P2P가 별 관련이 없어 보임에도 불구하고, 오늘날 P2P의 운명을 논할 때 금융의 문제를 건너뛸 수 없는 것은 바로 그 때문이다. 또한 금융의 민주화가 이 시대 민주주의의 가장 핵심적인 과업 가운데 하나인 것 역시 같은 이유에서다.[6]

---

6) 관련된 주제 그리고 중요한 주제인 만큼, 비트코인 이후 블록체인 기술의 발전이 금융의 민주화와 관련하여 갖는 의미를 간략하게나마 언급하고 넘어가자. 2008년 금융위기는 현 시기 금융자본이 사회의 생산적 네트워크로부터 발생하는 가치는 네트워크로부터 분리하여 사유화하면서도, 위기 시에 발생한 손실은 도리어 네트워크 전체로 사회화하는 매우 비민주적인 속성을 가지고 있다는 것을 사회 전체에 분명하게 보여주었다. 1절에서 살펴보았듯이 사토시

지금까지 살펴본 바와 같이, 플랫폼과 금융이라는 지대 추출 장치를 통해 이윤을 수취하는 현대 자본주의는 본질적으로 인터 넷을 포함한 사회 전체의 P2P 네트워크와 동료생산에서 이루어지는 개방적이고 수평적인 협력에 의존한다. 그런데 네트워크의 입장에서는 이러한 '의존'이 네트워크의 활력과 잠재력을 고갈시키는 족쇄로 작용하기 쉽다. 블록체인의 경우에도 대부분의 금융자본과 산업자본은 퍼블릭 블록체인의 민주적 잠재력에 관심을 갖기보다, 프라이빗 블록체인 혹은 허가형 블록체인 기술의 개발에 집중함으로써 P2P 네트워크를 종획(enclosure)하여 블록체인을

나카모토는 이러한 현대 금융 자본주의의 비민주적 성격을 의식하고 있었으며, 블록체인에 기반한 암호화폐의 개발은, 적어도 부분적으로는 화폐의 민주화를 의도한 것이었다고 볼 수 있다. 경제학자인 브라이언과 비르타넨(Dick Bryan and Akseli Virtanen)은 블록체인과 다양한 암호화폐들을 기반으로 하는 크립토 경제(crypto economy)가 지금까지와는 근본적으로 다른 경제를 창출할 가능성, 즉 "가치가 어떻게 창출·포획·분배되는가, 화폐는 무엇인가, 사람들이 생산과 어떤 관계를 맺는가" 등의 문제에 관련하여 혁신적이고 대안적인 답을 제시할 가능성에 주목한다. 이들에 따르면 "화폐는 기존의 소유체계를, 따라서 분배체계를 코드화한다." 따라서 화폐는 단순히 기술적(技術的) 메커니즘이기만 한 것이 아니라 사회적 관계이기도 하다. 이것이 "화폐의 사회성"이다. 그리고 "암호화폐의 핵심은 그 사회성을 탐구하고 재가동하는 것이다. 지금과는 다른 경제가 어떨지에 대한 안들을, 경제를 다르게 하는 방법을 구축하는 것이다." 암호화폐는 단순히 '화폐'이기만 한 것이 아니라 새로운 방식의 경제적·정치적 조직화이기도 한 것이다. 물론 이것은 실패할 수도 있는, 하나의 실험이다. 그러나 적어도 비트코인을 비롯한 다양한 암호화폐들의 등장 이후 "화폐와 국가의 상호연관이라는 생각, 국가만이 화폐체계를 감독할 수 있다는 생각"과 "국가가 사회적 신뢰를 감독한다는 생각"이 큰 도전에 직면한 것은 분명해 보인다. 그리고 이러한 도전은 분명 화폐와 금융의 민주화를 위한 커다란 기획의 시발점이 될 수 있다.(Bryan and Virtanen, 2018a; 2018b)

공유지(commons)가 아닌 사유지의 기술로 만들어가고 있다.

블록체인을 포함한 다양한 P2P 네트워크들의 미래뿐만 아니라 우리가 살고 있는 사회 전체의 운명이 P2P의 활력·잠재력·협력과 그러한 힘들의 현실화 방식·경로·결과를 어떤 식으로 조직하느냐에 달려 있다고 할 수 있다. 가장 바람직한 것은 네트워크의 활력과 생산력이 어떤 식으로든 네트워크 외부로 추출되지 않고, 네트워크의 더 큰 활력을 낳는 데 기여하는 것이다. 다음 절의 과제는 커먼즈와 P2P의 결합이 그러한 가능성을 제공해줄 수 있을지를 검토하는 것이다.

4. P2P와 커먼즈

지금까지의 논의로부터 분명해지는 것은, 블록체인 혹은 더 넓은 의미의 P2P가 덜 중앙집중적이고, 더 공유적이며, 더 자율적인 사회로의 이행을 자동으로 보장해주지는 않는다는 것이다. 바우엔스는 현재 진행되고 있는 블록체인의 활용과 실험들에 대해 이렇게 경고한다. "대부분의 토큰 기반 기획들은 시장 경제의 추출적 (extractive) 기능에 결코 도전하지 않으며 그 분산된 디자인에도 불구하고 멱함수 법칙(power law)의 동학에 종속되어 있다는 점을 강조하는 것이 중요하다. 제대로 이해되고 있지 않은 것은, 단순히 평등하기만 한 구조들은 희소한 자원을 얻기 위한 경쟁으로 디자인된다면 실제로는 자연히 과두제를 향해 진화한다―멱함

수 법칙에 의한 집중, 즉 반복될 때마다 더 강한 사람이 더 많은 이익을 얻는다—는 점이다. …… 때문에 중앙집중화된 네트지배 플랫폼들과 비트코인 및 기타 많은 (모두는 아니다!) 토큰 기반 블록체인 애플리케이션과 같은 이른바 '분산된' 아나코–자본주의적 (anarcho-capitalist) 구조들은 동일한 효과를 낳는다. 책임성 없고 비민주적인 사적 '화폐' 권력이 강화되는 것이다."[56] 이것은 많은 이들이 크립토 경제에 걸고 있는 기대와 대립하는 이야기인 것처럼 보인다. 그러나 이러한 '대립'은 블록체인 P2P가 희망과 위험을 동시에 품고 있음을 보여줄 뿐이다. P2P의 미래는 전적으로 희망적이라거나 전적으로 희망이 없다는 식으로는 이야기될 수 없는데, 이는 실제로 희망과 위험의 요소가 공존하고 있기 때문이기도 하지만, 무엇보다 그 요소들의 현실화를 통해 미래를 결정하는 일이 사회적인 실천에 열려 있기 때문이다. P2P 자체는 아직 수많은 결정들을 허용하는 조직화 방식이다.

이런 맥락에서 블록체인을 비롯한 P2P 네트워크들을 특징짓는 탈집중화 혹은 분산이라는 구호는 아직 모호하며 불충분하다. 탈집중화와 분산의 요구들이 진정으로 함축하는 바를 더 명확히 하면, 그것은 사실 더 많은, 더 철저한, 더 실질적인 민주주의에 대한 요구이다. 우리의 삶을 결정하는 중요한 부분들에 대해 우리가 더 많은 통제권을 갖고자 하는 요구인 것이다. 탈집중화가 실제로 더 많은 민주주의로 이어지려면 중요한 것은 분산 그 자체가 아니라 분산된 것들이 다시, 그러나 이전과 다른 방식으로 모이고 조직되는 일이다. 그리고 이처럼 P2P를 더 많은 민주주의와 연결하는 이전과는 다른 유력한 대안적 조직 방식이 바로 커먼즈이다.

커먼즈 개념의 의미와 역사

이 지점에서, 지금까지 명확한 설명 없이 사용되어 온 커먼즈라는 용어를 해설할 필요가 있을 것 같다. 커먼즈는 근대의 성립 이후 우리가 사는 세계를 조직하고 관리하는 데 커다란 영향력을 행사해온 두 가지 힘, 즉 시장/자본(사적인 힘)과 국가(공적인 힘)로부터 독립적인 방식으로, 다시 말해 P2P적 관계에 기반한 공동체와 프로토콜을 통해 자원과 생산과 삶을 경영하기 위한 실천이자 원리이다. 중요한 것은 커먼즈를 현실적으로 실체화된 무엇으로, 즉 특정한 자원이나 공동체로만 이해해서는 안 된다는 것이다. 커먼즈 연구자들은 "커머닝(commoning) 없이 커먼즈 없다"라는 말을 즐겨하면서 커먼즈의 동사적 성격을 강조하는데, 이는 커먼즈가 자원이기만 한 것도, 자원을 중심으로 모인 공동체이기만 한 것도, 자원을 관리하기 위한 프로토콜이기만 한 것도 아니며, 이 모든 요소들 사이의 역동적인 상호작용임을 의미한다.[57]

커먼즈는 오랫동안 공유지 혹은 공유자원을 뜻하는 말이었다. 종획운동으로 공유지가 파괴되고, 사적인 것(시장)과 공적인 것(국가) 이외에는 공동체와 자원을 조직하고 관리하는 어떠한 대안적 방식도 인정받지 못하는 근대라는 역사적 시간이 시작된 이후에 커먼즈는 주목할 만한 가치가 없다고 여겨져왔다. 개릿 하딘(Garrett Hardin)의 논문 「공유지의 비극("The Tragedy of the Commons")」[58]

은 커먼즈가 주목할 만한 가치가 없는 정도가 아니라 시장과 국가에 비해 해롭고 무책임한 조직 방식이라는 관념을 사회 전체에 확산시키는 데 기여했다. 그러나 두 가지 계기가 상황을 변화시켰다. 첫 번째는 정치학자 엘리노어 오스트롬(Elinor Ostrom)이 여러 토착 공동체들이 '공유자원(common pool resources)'을 관리하는 방식에 대한 실증적인 조사와 연구를 통해 커먼즈가 시장과 국가로부터 독립적일 뿐만 아니라 그보다 더 효과적인 자원 관리 방식일 수 있음을 보여주는 기념비적인 저서 『공유의 비극을 넘어―공유자원관리를 위한 제도의 진화(Governing the commons: the evolution of institutions for collective action)』를 1990년에 출간하고 그 연구를 통해 2009년 노벨경제학상을 받은 것이다. 엘리노어의 선구적인 작업은 이후 많은 학자들을 커먼즈 연구로 이끌었고, 그동안 적절한 이름을 부여받지 못해서 어둠 속에 있었던 수많은 대안적인 움직임들을 가시화하는 데 공헌했다. 두 번째 계기는 디지털 커먼즈의 부상이다. 사실 오스트롬의 역사적인 연구에도 불구하고, "웹이 등장하기 이전에 커먼즈는 보통 중세 역사의 흥미로운 이야기, 혹은 사회과학 연구의 변방에서나 다뤄지는 것으로 여겨졌다." 그런데 인터넷이 등장하고 이전에는 상상도 할 수 없었던 비용과 방식으로 혁신과 공유, 생산을 조직하는 일이 가능해졌다. "온라인 협력의 사회적 논리(분산된 사용자들 간의 값싸고 손쉬운 사회적 상호작용)가 전통적 시장의 경제 논리(많은 자본, 중앙집중적 기업 경영, 전문적 통제의 필요)를 넘어" 설득력을 가지게 된 것이다.[59] 이러한 상황은 커먼즈를, 예전에 존재했으나 이제는 유효성을 갖기

힘든 역사적 유물이 아니라 매우 강력한 설득력을 갖는 현실적 대안으로 부상시켰다.

블록체인 커먼즈

여기서 우리의 관심은 이러한 과정을 통해 재발견되고 재정의된 커먼즈가 P2P와 어떤 관계를 맺고 있는가 혹은 맺을 수 있는가이다. 바우엔스는 오늘날 두 가지의 의미의 P2P가 있음을 지적하고, 양자를 구분하는 일이 중요하다고 말한다. "모든 서버가 자율적인 새로운 컴퓨터 구조에서 도출된 이 P2P 개념이 지금 두 가지 경합하는 의미로 사용되고 있기 때문에 주의해야 합니다. 그 하나는 …… 커머닝의 능력, 즉 자원을 한데 모으고 상호화하고 공유하는 자유로운 연합의 능력으로서의 P2P입니다. 다른 하나는 아나키-자본주의적이고 자유지상주의적-소유지상주의적 비전으로서 사회를 개인 기업가들의 집합으로 보는 것입니다. 전자의 커먼즈 견해와 후자의 극단적 시장론 사이는 크게 벌어져 있습니다."[60] 블록체인 등 새로운 P2P 네트워크들이 또 다른 이윤 추출 모델로 전락하지 않고, 화폐·조직·사회 등을 더욱 민주화하는 일에 기여하는 시스템이 되기 위해서는 후자의 길을 피하고 전자, 즉 P2P를 커먼즈와 결합하는 방향으로 의식적인 노력을 기울일 필요가 있다. P2P 네트워크로부터 나오는 생산물이 네트워크의 외부로 추출되지 않고 다시 네트워크 자체를 풍요롭게 하는 데 활용될 수 있도록 하는 것이 P2P의 건강성과 활력을 지키는 길인바, 자원과 공동체의 자율적 관리·경영 방식으로서의 커먼즈가 그러한 길을 안내하는 패러다임의 역할을 수행할 수 있는 것이다.

반대로 P2P가 커먼즈에 기여하는 면도 있다. 커먼즈 활동가이자 이론가인 데이비드 볼리어(David Bollier)는 "커먼즈가 정치적 전략으로서 그토록 강인한 전략이 되는 것은 확실히 커먼즈의 분권적·자기조직적·실행기반적 접근 방식 때문"이라고 말한다.[61] 이는 P2P적 조직방식이 커먼즈의 기반이며, 커먼즈가 가진 힘의 원천이라는 말이다. 블록체인이 커먼즈와 커머너(commoner)들을 위한 유용한 도구로 쓰일 수 있을 것으로 기대받고 있는 것 역시 그러한 맥락에서다. 특히 커먼즈 기반 동료생산은 소규모 공동체를 넘어서 국가 혹은 세계적 규모로 확장될 수 있을지를 자주 의심받아왔는데, 블록체인에 기반한 사회적 네트워크가 현재보다 더욱 확장된 수준에서의 커머닝을 촉진하는 새로운 인프라가 될 수 있으리라는 기대가 크다.[62]

블록체인과 커먼즈 패러다임의 결합은 '크립토 커먼즈(Crypto Commons)' 혹은 '블록체인 커먼즈(Blockchain Commons)'라는 이름으로 불리고 있다.[63] 그러나 커먼즈는 특정한 이념이나 이론적 개념이라기보다 민주적이고 생태적인 방향으로의 사회 변화를 위한 여러 움직임들의 교차지점에서 아래로부터 형성된 패러다임에 가깝기 때문에, 커먼즈 혹은 블록체인 커먼즈라는 명칭을 명시적으로 사용하지 않는 '블록체인 커먼즈'의 실험도 얼마든지 존재할 수 있다. 몇 가지 사례들을 꼽아보자면, 에너지를 커먼즈로 사고하는 모든 이들을 위한 공유 에너지 거버넌스의 조건을 제공하고자 하는 프로젝트인 〈daisee〉[7], 협력적이고 민주적이며 생태적인 윤리를 표방하는 암호화폐 〈faircoin〉[8], 민주적 거버넌스에 의해 운영되는 마이크로블로깅 〈social.coop〉[9], 기본소득이 내장된 암호화폐 〈duniter〉[10], 추출적 산업에 저항하는 토착민들을 지원하는 매핑(mapping) 도구 〈osm-p2p〉[11] 등을 들 수 있다.[64] 현재(2018년 7월) 블록체인 생태계 전반이 그렇듯이, 블록체인 커먼즈의 변화 속도는 놀라운 것이어서 그 실험 사례들의 목록은 하루가 다르게 업데이트되어가고 있다.

이러한 구체적인 실험들을 뒷받침하는, 보다 넓은 관점에서 이루어지는 블록체인과 커먼즈에 대한 연구와 고민 들도 진행 중이다. 2017년부터 2022년까지 유럽연합이 150만 유로를 지원하고 스페인의 마드리드 콤플루텐세 대학(Universidad Complutense de Madrid)과 하버드 버크만 클라인 센터(Berkman Klein Center)의 연구자들이 참여하며 요하이 벤클러, 데이비드 볼리어와 같은 커먼즈 이론가들이 자문 역할을 하는 연구 프로젝트인 〈P2P Models〉[12]가 대표적이다. 〈P2P Models〉는 3절에서 살펴본 바와 같이 '협력 경제(Collaborative Economy)'가 빠르게 확장하고 있음에도 불구하고 사용자 데이터를 장악하고 모든 의사결정 권한과

---

7) https://daisee.org/
8) https://fair-coin.org/
9) https://social.coop/
10) https://duniter.org/
11) http://www.digital-democracy.org/blog/osm-p2p/
12) https://p2pmodels.eu/

이윤을 중앙에 집중시키는 웹 플랫폼들이 그러한 협력의 결실을 독점하고 있는 현실에 문제를 제기하고, 커먼즈 지향적인 관점에서 자치·자율적이고 지속가능한 새로운 유형의 P2P 협력 경제 공동체의 등장을 촉진하기 위해 블록체인에 기반한 민주적이고 탈중심적인 거버넌스와 조직 모델을 연구한다. 블록체인 P2P의 민주적 기술로서의 가능성이 얼마나 꽃을 피울 수 있을지는 위와 같은 실험과 연구 들이 성장하여 대안적 흐름으로 자리 잡는 정도에 달려 있다 할 것이다.

5. 나가며

P2P, 그리고 그것의 최신 발전 형태로서의 블록체인이 기술적 차원에서 민주주의와 양립가능할 뿐 아니라 그것을 촉진하고 양성할 수 있는 가능성을 품고 있는 것은 분명하다. 그러나 그러한 기술적 가능성이 사회·정치적으로 현실화되기 위해서는 그에 걸맞은 현실적 노력이 필요하다. 오큐파이(Occupy) 운동에 영감을 받아 집단적 의사결정을 위한 애플리케이션 루미오(Loomio)를 개발했던 리처드 바틀렛(Richard D. Bartlett)의 말대로, 만약 우리가 블록체인을 그렇게 디자인하지 않는다면, 블록체인이 자동으로 권력을 탈중심화하는 일은 일어나지 않을 것이다.[65]

탈중심적이고 비위계적인 네트워크를 중앙집중적인 구조로 되돌리거나, 네트워크의 탈중심성은 일정한 수준에서 그대로 두되 그러한 네트워크의 협력적 생산성을 네트워크 외부에서 수탈하려는 시도들은 늘 있어 왔다. 지금까지 인터넷의 역사가 그 대표적인 사례다. 현대 자본주의에서는 P2P 네트워크의 협력에 의한 사회적 생산과, 플랫폼과 금융을 통해 네트워크 외부에서 작동하는 사적인 이윤 추출 메커니즘 사이의 괴리가 낳는 문제들이 극에 달해 있다. 무엇보다, 사회의 생산적 능력이 이전 어느 시기의 인류도 상상하기 어려울 만큼 발전하고 있음에도 여전히 많은 사람들이 '먹고사는 문제'를 걱정해야 하는 현실, 그 어느 때보다 사회 전체의 협력과 연결성이 생산에서 차지하는 역할이 결정적임에도 그 생산의 결과로 창출되는 부의 분배는 여전히 사적인 방식으로 이루어지며 결과적으로 그것이 거대한 양극화를 초래하고 있는 상황이 시급한 문제다.

이 글이 그와 같은 문제들의 해결에 접근하는 대안적 패러다임으로 제안한 것은 커먼즈다. 커먼즈는 가치의 생산과 분배 모두에서 평등한 동료(peer)들 간의 협력적 네트워크가 어떠한 층위에서 어떠한 방식으로도 소외되지 않을 수 있는 조직·관리·생활 방식을 고민하고 실험하고 제안한다. 그리고 그러한 한에서 커먼즈는 블록체인 P2P의 민주적 기술로서의 가능성을 왜곡과 훼손 없이 현실화하는 데 도움을 줄 수 있는 패러다임이다.

커먼즈가 자본과 국가로부터 독립적이라는 것은, 동료들 간의 내재적 관계가 그 내재적 관계를 외부에서 규율하는 '중심'으로서의 매개자나 규칙을 배제한다는 말인데, 이것이 정확히 블록체인의 정신이자 메커니즘이다. 블록체인과 커먼즈의 결합이 많은 이들의 관심을 받고, 단순한 희망이 아니라 현실적으로 유력한 대안적 노선으로 논의·실험되고 있는 것은 그 때문이다. 어떤 블록체인 전문가들은 '블록체인 사회'의 미래를 이렇게 이야기한다. "블록체인 사회에서의 지속적 혁신의 동력은 자본의 축적에서 오는 것이 아니라, 커먼즈의 축적에서 나온다. 연결과 자율성은 커먼즈를 낳고 커먼즈는 창발을 낳는다. 블록체인 유토피아는 물질적 풍요가 아닌 새로운 커먼즈를 통해 실현된다."[66] 이것은 커먼즈나 민주주의 이론가가 아니라 비즈니스 전문가라 해야 할 이들의 전망이다. 그럼에도 이들이 생각하는 '블록체인 유토피아'는 자본의 사회가 아니라 커먼즈의 사회이다.

이들의 이야기에서 한 가지 수정되어야 할 점이 있다면 커먼즈의 사회, 진정으로 민주적인 사회는 이 세계 어디에도 존재하지 않는 곳이라는 의미의 유토피아가 아니라는 것이다. 다른 세계는 현재 우리가 살고 있는 세계가 사라진 후에 비로소 도래하는 것이 아니라 지금 이 세계 안에서, 그것이 만들어낸 조건 위에서 싹을 틔우고 성장하여 꽃을 피우고 열매를 맺는 씨앗과 같다. 아룬다티 로이(Arundhati Roy)의 말대로 다른 세계는 가능할 뿐만 아니라 지금 우리에게 다가오고 있다. 우리가 조용히 귀를 기울이기만 한다면 그녀의 숨소리를 들을 수 있을 것이다.[67]

주석

2장

1 A. Petroff, "Elon Musk says Mark Zuckerberg's understanding of AI is 'limited'," CNN(July 25, 2017).

2 A. Krizhevsky, I. Sutskever, G. Hinton, "ImageNet classification with deep convolutional neural networks," Advances in Neural Information Processing (NIPS), Lake Taho, NV(2012); A. Graves, J. Schmidhuber, "Framewise phoneme classification with bidirectional LSTM and other neural network architectures," *Neural Networks*, Vol.18, No.5-6(2005), pp.602-610.

3 G. Hinton, R. Salakhutdinov, "Reducing the dimensionality of data with neural networks," *Science*, Vol.313, No.5786(Jul. 2006), pp.504-507; J. Schmidhuber, "Deep Learning in Neural Networks: An Overview," Technical Report IDSIA-03-14(2014).

4 J. Markoff, "How Many Computers to Identify a Cat? 16,000," *New York Times*(June 25, 2012); J. Markoff, "Scientists See Promise in Deep-Learning Programs," *New York Times*(November 24, 2012); G. Marcus, "Is 'Deep Learning' a Revolution in Artificial Intelligence?," *The New Yorker*(November 25, 2012).

5 G. Hinton, S. Osindero, Y. Teh, "A fast learning algorithm for deep belief nets," *Neural Computation*, Vol.18(2006), pp.1527-1554.

6 T. Mitchell, *Machine Learning*(McGraw-Hill Education, 1997).

7 M. Minsky, S. Papert, *Perceptrons*(Cambridge, MA: MIT Press, 1969).

8 D. E. Rumelhart, G. E. Hinton, R. J. Williams, "Learning internal representations by error propagation," in *Parallel Distributed Processing*(MIT Press, 1986), pp.318-362.

9 http://spectrum.ieee.org/robotics/artificial-intelligence/machinelearning-maestro-michael-jordan-on-the-delusions-of-big-data-and-other-huge-engineering-efforts

10 P. Baldi, P. J. Sadowski, "Understanding dropout," Advances in Neural Information Processing Systems (NIPS)(2013), pp.2814–2822.

11 J. B. Tenenbaum, V. de Silva, and J. C. Langford, "A global geometric framework for nonlinear dimensionality reduction," *Science*, Vol.290 (2000), pp.2319–2323.

12 같은 글.

13 C. M. Bishop, *Neural Networks for Pattern Recognition*(Oxford: Oxford University Press, 1995.

14 S. J. Thorpe, M. Fabre-Thorpe, "Seeking Categories in the Brain," *Science*, Vol.291, No.5502(Jan. 2001), pp.260–262.

15 M. Riesenhuber, T. Poggio, "Hierarchical models of object recognition in cortex," *Nature Neuroscience*, Vol.2, No.11(1999), pp.1019–1025; R. Kurzweil, *How to Create a Mind: The Secret of Human Thought Revealed*(Penguin Books, 2012).

16 P. Smolensky, "Information Processing in Dynamical Systems: Foundations of Harmony Theory," in *Parallel distributed processing: Explorations in the microstructure of cognition*, Vol.1(Cambridge, MA: MIT Press, 1986), pp.194–281.

17 Hinton, Osindero, Teh, 앞의 글.

18 Y. Bengio, A. Courville, P. Vincent, "Representation learning: A review and new perspectives," *Pattern Analysis and Machine Intelligence, IEEE Transactions on*, Vol.35, No.8(2013), pp.1798–1828.

19 Krizhevsky, Sutskever, Hinton, 앞의 글; D. C. Ciresan, U. Meier, J. Masci, J. Schmidhuber, "A committee of neural networks for traffic sign classification," in Proc. of International Joint Conference on Neural Networks (IJCNN)(2011), pp.1918–1921.

20 K. Fukushima, "Neocognitron: A self-organizing neural network for

a mechanism of pattern recognition unaffected by shift in position,"
Biological Cybernetics, Vol.36, No.4(1980), pp.193-202.

21 Y. Bengio, P. Simard, P. Frasconi, "Learning long-term dependencies with gradient descent is difficult," *IEEE Transactions on Neural Networks*, Vol.5, No.2(1994), pp.157-166.

22 Graves, Schmidhuber, 앞의 글.

23 A. Graves, A. Mohamed, G. Hinton, "Speech Recognition with Deep Recurrent Neural Networks," International Conf. on Acoustics, Speech, and Signal Processing (ICASSP), Vancouver, Canada(2013); I. Goodfellow, J. Pouget-Abadie, and M. Mirza, "Generative Adversarial Networks," arXiv: 1406.2661(2014); D. P. Kingma, and M. Welling, "Auto-Encoding Variational Bayes," arXiv: 1312.6114v10(2014).

24 Hinton, Osindero, Teh, 앞의 글.

25 Krizhevsky, Sutskever, Hinton, 앞의 글; Y. Jia, "Caffe: An Open Source Convolutional Architecture for Fast Feature Embedding"(2013).

26 J. Redmon, A. Farhadi, "YOLO9000: Better, Faster, Stronger," arXiv: 1612.08242(2016).

27 L. Deng, "Three classes of deep learning architectures and their applications: a tutorial survey," APSIPA Transactions on Signal and Information Processing(2012).

28 T. Mikolov, W.-T. Yih, G. Zweig, "Linguistic Regularities in Continuous Space Word Representations," in Proc. of NAACL HLT(2013); R. Socher, M. Ganjoo, H. Sridhar, O. Bastani, C. D. Manning, A. Y. Ng, "Zero-shot learning through cross-modal transfer," in Proc. of International Conference on Learning Representations (ICLR), Scottsdale, AZ(2013); Y. Bengio, É. Thibodeau-Laufer, G. Alain, J. Yosinski, "Deep Generative Stochastic Networks Trainable by Backprop," in Proc. of International Conference on Machine Learning (ICML)(2014); A. Graves, "Generating Sequences With Recurrent Neural Networks"(2014).

29 I. Sutskever, O. Vinyals, and Q. Le, "Sequence to sequence learning

with neural networks," Advances in Neural Information Processing Systems (NIPS)(2014); D. Bahdanau, K. Cho, and Y. Bengio, "Neural machine translation by jointly learning to align and translate," in Proc. of International Conference on Learning Representations (ICLR)(2015).

30 N. Kalchbrenner, L. Espeholt, K. Simonyan, A. van den Oord, A. Graves, and K. Kavukcuoglu, "Neural Machine Translation in Linear Time," arXiv: 1610.10099(2016); A. Vaswani, N. Shazeer, N. Parmar, J. Uszkoreit, L. Jones, A. N. Gomez, and I. Polosukhin, "Attention Is All You Need," arXiv: 1706.03762(2017).

31 K. Xu, J. L. Ba, R. Kiros, K. Cho, A. Courville, R. Salakhutdinov, R. Zimel, and Y. Bengio, "Show, Attend and Tell: Neural Image Caption Generation with Visual Attention," arXiv: 1502.03044(2015).

32 https://www.digitaltrends.com/cool-tech/japanese-ai-writes-novel-passes-first-round-nationanl-literary-prize/

33 https://www.youtube.com/watch?v=LY7x2Ihqjmc

34 L. A. Gatys, A. S. Ecker, and M. Bethge, "A neural algorithm of artistic style," arXiv: 1508.06576, 2015.

35 C. Chen, A. Seff, A. L. Kornhauser, and J. Xiao, "Deepdriving: Learning affordance for direct perception in autonomous driving," in ICCV(2015).

36 같은 글; M. Bojarski et al., "End to End Learning for Self-Driving Cars," arXiv: 1604.07316(2016).

37 S. Han, H. Mao, and W. J. Dally, "Deep Compression: Compressing Deep Neural Networks with Pruning, Trained Quantization and Huffman Coding," arXiv: 1510.00149(2016).

38 C. Farabet, B. Martini, B. Corda, P. Akselrod, E. Culurciello, Y. LeCun, "NeuFlow: A Runtime Reconfigurable Dataflow Processor for Vision," in Proc. of the Fifth IEEE Workshop on Embedded Computer Vision (ECV), Colorado Springs(2011); Bengio, Courville, Vincent, 앞의 글.

39 Bahdanau, Cho, and Bengio, 앞의 글; Xu, Ba, Kiros, Cho, Courville, Salakhutdinov, Zimel, and Bengio, 앞의 글.

40 D. Marr, *Vision: A Computational Investigation into Human Repre-sentation and Processing of Visual Information*(San Francisco: Freeman, 1982); R. A. Brooks, "Elephants Don't Play Chess," *Robotics and Autonomous Systems*, Vol.6(1990), pp.3-15.

41 H. Jaeger, "Deep neural reasoning," *Nature*, 538(2016), pp.467-468.

3장

1 이 장은 미국의 인공지능 판사 알고리즘의 사용 실태를 소개하기 위하여 뉴저지주의 사례를 중심으로 자료를 정리한 것이다. 2~4절의 내용은 미국의 전자 사생활 정보센터(Electronic Privacy Information Center) 홈페이지의 「형사 사법 제도에서의 알고리즘(*Algorithms in the Criminal Justice System*)」과 로라·존아널드 재단의 『공중안전평가(*Public Safety Assessment*)』, 뉴저지주의 『사전재판 매뉴얼(*New Jersey Pretrial Justice Manual*)』 등의 문서에서 필요한 부분을 발췌 번역하고 정리했다.

2 https://epic.org/algorithmic-transparency/crim-justice/

3 Laura and John Arnold Foundation, *Public Safety Assessment: Risk Factors and Formula*(2016), p.2.

4 같은 책, p.3.

5 같은 책, p.4.

6 The State of New Jersey, *The New Jersey Pretrial Justice Manual*(2017), p.8.

7 같은 책, p.9.

8 같은 책, p.11.

9 https://www.judiciary.state.nj.us/courts/assets/criminal/cjrearlyreport1.pdf

10 같은 곳.

11 Jon Kleinberg et. al., "Human Decision and Machine Predictions," NBER Working Paper Series(2017).

4장

1 http://imnews.imbc.com/replay/2016/nwdesk/article/3903153_19842.
   html.

2 http://www.hani.co.kr/arti/PRINT/730333.html.

3 http://news.khan.co.kr/kh_news/khan_art_view.html?artid=20170419205
   6025&code=990100.

4 http://standards.ieee.org/develop/indconn/ec/ead_v1.pdf.

5 https://www.theguardian.com/science/2017/jul/19/give-robots-an-ethical-
   black-box-to-track-and-explain-decisions-say-scientists.

6 US, Obama administration, *Big Data: A report on Algorithm Systems,
   Opportunity and Civil Rights*(2016.03). https://obamawhitehouse.archives.
   gov/sites/default/files/microsites/ostp/2016_0504_data_discrimination.
   pdf.

7 https://obamawhitehouse.archives.gov/blog/2016/05/03/preparing-
   future-artificial-intelligence.

8 미국의 인공지능 윤리 접근 방법에 대한 자세한 내용은 다음 자료 참조. 윤혜
   선, 「인공지능을 둘러싼 법의 관심과 그 지향점에 관한 일고(一考)─미국의 인
   공지능과 법에 관한 논의 동향을 중심으로」, 《KISO저널》 제23호(2016.06.).
   http://journal.kiso.or.kr/?p=7536.

9 이원태, 「유럽연합(EU)의 로봇법(RoboLaw) 프로젝트」, 《KISO저널》 제23호
   (2016.06.). http://journal.kiso.or.kr/?p=7496.

10 이원태, 「4차 산업혁명과 지능정보사회의 규범 재정립」, 《KISDI Premium
   Report》(2017.06.).

11 http://news.khan.co.kr/kh_news/khan_art_view.html?artid=2017011222
   12015&code=970205.

12 https://mainichi.jp/articles/20160413/ddn/008/020/042000c.

13 https://www.nikkei.com/article/DGXLASFS29H4G_Z20C16A4NN1000/.

14 http://www.soumu.go.jp/main_content/000448337.pdf.

15 http://ai-elsi.org/wp-content/uploads/2017/02/人工知能学会倫理指針.pdf.

16 https://www.research.ibm.com/software/IBMResearch/multimedia/ AIEthics_Whitepaper.pdf.

17 https://www.ibm.com/blogs/think/2017/01/ibm-cognitive-principles/.

18 https://www.ibm.com/blogs/policy/dataresponsibility-at-ibm/.

19 Erik Brynjolfsson & Andrew McAfee, *The Second Machine Age: Work, Progress, and Prosperity in a Time of Brilliant Technologies*(NY: W. W. Norton, 2014), pp.7~8.

20 THE OECD, *JOBS STUDY: Facts, Analysis, Strategies*(OECD, 1994), p.31.

21 https://www.ibm.com/blogs/think/2017/01/ibm-cognitive-principles/.

22 https://www.ibm.com/blogs/policy/dataresponsibility-at-ibm/.

23 https://www.ibm.com/watson/data-privacy/.

24 https://www.ibm.com/blogs/think/2014/03/open-letter-data/.

25 https://www.ibm.com/blogs/policy/thinkpolicy-3-preserving-integrity-encryption/.

26 https://www.ibm.com/blogs/think/2014/03/open-letter-data/.

27 https://www.ibm.com/blogs/policy/cybersecurity-executive-order/.

28 https://www.nist.gov/sites/default/files/documents/cyberframework/ cybersecurity-framework-021214.pdf.

29 https://www.ibm.com/blogs/policy/kenny-artificial-intelligence-letter/에 기초.

30 https://www.ibm.com/blogs/policy/tag/new-collar-jobs/.

31 http://likms.assembly.go.kr/bill/billDetail.do?billId=PRC_ N1R7W0V2B2H3E1F0O1P4I5E1F7R2Y4.

32 http://www.msit.go.kr/web/msipContents/contents.do?mId=MTIz.

5장

1 손화철, 『랭던 위너』(커뮤니케이션북스, 2016), 30쪽; 손화철, 「기술의 시대, 인간의 자리」, 열린연단: 문화의 안과 밖(네이버 문화재단, 2018).

2 랜던 위너, 손화철 옮김, 『길을 묻는 테크놀로지』(씨아이알, 2010), 13쪽.

3 같은 책, 59쪽.

4 같은 책, 15-16쪽.

5 존 로, 「ANT에 대한 노트―질서짓기, 전략, 이질성에 대하여」, 홍성욱 편역, 『인간·사물·동맹: 행위자네트워크 이론과 테크노사이언스』(이음, 2010), 45-46쪽.

6 홍성욱, 「7가지 테제로 이해하는 ANT」, 같은 책, 27쪽.

7 로렌스 레식, 김정오 옮김, 『코드 2.0』(나남출판, 2009).

8 랜던 위너, 앞의 책, 31쪽.

9 Davis, J., "The Crypto-Currency: Bitcoin and its mysterious inventor," *The New Yorker*(2011.10.10.).

10 랜던 위너, 앞의 책, 46-47쪽.

11 전명산, 『블록체인 거버먼트』(알마, 2017), 179-180쪽.

12 같은 책, 108쪽.

13 S. Davidson, P. De Filippi, & J. Potts, "Economics of Blockchain"(2016).

14 오세현·김승종, 『블록체인노믹스: 신뢰사회로 이끄는 거래의 혁명』(한국경제신문, 2017), 40쪽.

15 랜던 위너, 앞의 책, 141쪽.

16 J. K. Hart, "Power and Culture," *The Survey Graphic*, Number 51(1924). 랜던 위너, 앞의 책, 141-142쪽에서 재인용.

17 L. Mumford, "Authoritarian and Democratic Technics," *Technology and Culture*, Vol.5, No.1.(1964).

18 돈 탭스콧·알렉스 탭스콧, 박지훈 옮김, 『블록체인 혁명』(을유문화사, 2017), 37쪽.

19 요하이 벤클러, 최은창 옮김, 『네트워크의 부: 사회적 생산은 시장과 자유를 어떻게 바꾸는가』(커뮤니케이션북스, 2015), x쪽.

20 G. Volpicelli, "Smart Contracts Sound Boring, But They're More Disruptive Than Bitcoin," Motherboard, 2015.02.17.

21 이항우, 『정동 자본주의와 자유노동의 보상』(한울, 2017).

22 같은 책, 184쪽.

23 데이비드 볼리어, 배수현 옮김, 『공유인으로 사고하라』(갈무리, 2015), 174쪽.

24 S. Levy, Hackers, Heroes of the Computer Revolution(Sebastopol, CA: O'Reilly Media, 2010), pp.28-34. 이항우, 앞의 책, 185쪽에서 재인용.

25 이항우, 앞의 책, 186-187쪽.

26 같은 책, 187쪽.

27 볼리어, 앞의 책, 178쪽.

28 이항우, 앞의 책, 190쪽.

29 박승일, 「인터넷과 정신관리권력」, 《한국언론정보학보》 제87집(한국언론정보학회, 2018), 102, 119쪽.

30 백욱인, 「서비스 플랫폼의 전유 방식 분석에 관한 시론: '플랫폼 지대와 이윤'을 중심으로」, 《경제와 사회》 제104호(비판사회학회, 2014), 175쪽.

31 백욱인, 『디지털 데이터·정보·지식』(커뮤니케이션북스, 2013).

32 드리트리 클라이너, 권범철 옮김, 『텔레코뮤니스트 선언』(갈무리, 2014), 65쪽.

33 박승일, 앞의 논문, 105-106쪽.

34 백욱인, 앞의 논문, 179쪽.

35 이항우, 앞의 책, 51쪽.

36 박승일, 앞의 논문, 125쪽.

37 백욱인, 앞의 책, 6쪽.

38 이항우, 앞의 책, 192쪽.

39 M. Bauwens, V. Kostakis, S. Troncoso, and A. M. Utratel, "Commons Transition and P2P: a primer"(2017).

40 M. Bauwens, "P2P: A new cycle of post-civilizational development"(2018).

41 드리트리 클라이너, 앞의 책, 20쪽.

42 이항우, 앞의 책, 30쪽.

43 같은 책, 9-10쪽.

44 조정환, 『인지자본주의—현대 세계의 거대한 전환과 사회적 삶의 재구성』(갈무리, 2011), 139쪽.

45 이항우, 앞의 책, 12-13쪽.

46 M. Wark, A hacker manifesto(Cambridge, MA: Harvard University Press, 2004), #340.

47 안토니오 네그리·마이클 하트, 정남영·윤영광 옮김, 『공통체』(사월의 책, 2014), 209쪽.

48 같은 책, 19쪽.

49 같은 책, 254쪽.

50 벤클러, 앞의 책, 95쪽.

51 네그리·하트, 앞의 책, 254쪽.

52 이항우, 앞의 책, 23쪽.

53 같은 책, 11쪽.

54 네그리·하트, 앞의 책, 399~400쪽.

55 같은 책, 233쪽.

56 M. Bauwens, "Withering Away of the State 3.0," P2P Foundation Blog (2018).

57 Bauwens, Kostakis, Troncoso, and Utratel, 앞의 논문.

58 G. Hardin, "The Tragedy of the Commons," *Science*, Vol.162, Issue 3859(1968).

59 볼리어, 앞의 책, 171~172쪽.

60 M. Bauwens, "P2P: A new cycle of post-civilizational development"(2018).

61 볼리어, 앞의 책, 245쪽.

62 D. Bollier, "The Blockchain: A Promising New Infrastructure for Online Commons," David Bollier: news and perspectives on the commons(2015); P. De Filippi, "What Blockchain Means for the Sharing Economy," *Harvard Business Review*(2017).

63 N. Waters, "Blockchain Commons: The End of All Corporate Business Models"(2017).

64 R. D. Bartlett, "Patterns for Decentralised Governance and why Blockchain Doesn't Decentralise Power… Unless You Design It To"(2017).

65 R. D. Bartlett, "Patterns for Decentralised Governance and why Blockchain Doesn't Decentralise Power… Unless You Design It To"(2017).

66 오세현·김승종, 앞의 책, 287쪽.

67 A. Roy, "Come September," *War talk*(Cambridge, Mass.: South End Press, 2003).

참고문헌

1장

뢰브너 상. http://www.aisb.org.uk/events/loebner-prize

박충식, 「구성적 인공지능」, 《인지과학》, Vol.15, No.4, 한국인지과학회, 2014.

박충식, 「인간 행동에 관한 새로운 연구: 스마트폰은 확장된 나의 마음이다」, 《중앙대학교 대학원신문》 296호, 2012.12.05.

박충식·정광진, 「포스트휴먼 시대의 이해: 루만의 사회체계이론적 관점에서」, 『2017년 제1회 한국사회체계이론학회 정기학술대회 논문집』, 한국지능정보시스템학회, 2017.

박충식, 「생명과 몸과 마음의 존재로서의 인공지능」, 『제4차 산업혁명과 새로운 사회의 윤리』, 아카넷, 2017.

박충식, 「성찰적 인공지능」, 『2017 한국포스트휴먼학회 가을 학술대회 논문집: 인공지능 시대의 사회 규범』, 한국포스트휴먼학회, 2017.

스탠포드 대학, AI100 프로젝트 보고서, 2016. https://ai100.stanford.edu/

장현성·박충식, 「루만 사회체계이론 관점에서의 스마트 팩토리」, 『2016년 한국지능정보시스템학회 춘계 학술대회 논문집』, 한국지능정보시스템학회, 2016.

챗봇 유진 구스트만. http://www.princetonai.com

한국포스트휴먼연구소·한국포스트휴먼학회 편, 『포스트휴먼 시대의 휴먼』, 아카넷, 2016.

한글 위키피디아. https://ko.wikipedia.org/wiki/

Artificial Intelligence Index. https://aiindex.org/

Berliner, J. Hans, "Backgammon Computer Program Beats World Champion," *Artificial Intelligence*, Vol.14, 1980.

Davis, Randall and Buchanan, Bruce C., "Meta-level knowledge:

overview and applications," Proceeding IJCAI'77, Vol.2, 1977.

Floridi, Luciano, *The Philosophy of Information*, Oxford University Press, 2011.

Harnad, S., "The Symbol Grounding Problem," *Physica D*, Vol.42, 1990.

Lenat, Douglas B., "AM: An Artificial Intelligence Approach to Discovery in Mathmetics as Heuristic Search", Stanford Artificial Intelligence Laboratory Memo AIM-286, Computer Science Department Report No. STAN-CS-76-570, 1976.

Marr, D., "Early processing of visual information," *Phil. Trans. R. Soc. Lond. B*, Vol.275(1976).

Minsky, Marvin, "A Framework for Representing Knowledge," MIT-AI Laboratory Memo 306, June, 1974.

Russell, S. J. & Norvig, P., *Artificial Intelligence: A Modern Approach*, Pearson, 2016.

Shannon, Claude E., "XXII. Programming a Computer for Playing Chess," *Philosophical Magazine*, Ser.7, Vol.41, No.314, 1950.

Uhr, Leonard and Vosseler, Charles. "A pattern recognition program that generates, evaluates, and adjusts its own operators," ACM computer conference, 1961.

Wikipedia. https://en.wikipedia.org/wiki/Main_Page.

2장

Bahdanau, D., K. Cho, and Y. Bengio, "Neural machine translation by jointly learning to align and translate," in Proc. of International Conference on Learning Representations (ICLR), 2015.

Baldi, P., P. J. Sadowski, "Understanding dropout," Advances in Neural Information Processing Systems (NIPS), 2013.

Bengio, Y., A. Courville, P. Vincent, "Representation learning: A review and new perspectives," *Pattern Analysis and Machine Intelligence, IEEE Transactions on*, Vol.35, No.8, 2013.

Bengio, Y., É. Thibodeau-Laufer, G. Alain, J. Yosinski, "Deep Generative Stochastic Networks Trainable by Backprop," in Proc. of International Conference on Machine Learning (ICML), 2014.

Bengio, Y., P. Simard, P. Frasconi, "Learning long-term dependencies with gradient descent is difficult," *IEEE Transactions on Neural Networks*, Vol.5, No.2, 1994.

Bishop, C. M., *Neural Networks for Pattern Recognition*, Oxford: Oxford University Press, 1995.

Bojarski, M. et al., "End to End Learning for Self-Driving Cars," arXiv: 1604.07316, 2016.

Brooks, R. A., "Elephants Don't Play Chess," *Robotics and Autonomous Systems*, Vol.6, 1990.

Chen, C., A. Seff, A. L. Kornhauser, and J. Xiao, "Deepdriving: Learning affordance for direct perception in autonomous driving," in ICCV, 2015.

Ciresan, D. C., U. Meier, J. Masci, J. Schmidhuber, "A committee of neural networks for traffic sign classification," in Proc. of International Joint Conference on Neural Networks (IJCNN), 2011.

Deng, L., "Three classes of deep learning architectures and their applications: a tutorial survey," *APSIPA Transactions on Signal and Information Processing*, 2012.

Farabet, C., B. Martini, B. Corda, P. Akselrod, E. Culurciello, Y. LeCun, "NeuFlow: A Runtime Reconfigurable Dataflow Processor for Vision," in Proc. of the Fifth IEEE Workshop on Embedded Computer Vision (ECV), Colorado Springs, 2011.

Fukushima, K., "Neocognitron: A self-organizing neural network for a mechanism of pattern recognition unaffected by shift in position," *Biological Cybernetics*, Vol.36, No.4, 1980.

Gatys, L. A., A. S. Ecker, and M. Bethge, "A neural algorithm of artistic style," arXiv: 1508.06576, 2015.

Goodfellow, I., J. Pouget-Abadie, and M. Mirza, "Generative Adversarial Networks," arXiv: 1406.2661, 2014.

Graves, A., A. Mohamed, G. Hinton. "Speech Recognition with Deep Recurrent Neural Networks," International Conf. on Acoustics, Speech, and Signal Processing (ICASSP), Vancouver, Canada, 2013.

Graves, A., J. Schmidhuber, "Framewise phoneme classification with bidirectional LSTM and other neural network architectures," *Neural Networks*, Vol.18, No.5–6, 2005.

Graves, A., "Generating Sequences With Recurrent Neural Networks," 2014.

Han, S., H. Mao, and W. J. Dally, "Deep Compression: Compressing Deep Neural Networks with Pruning, Trained Quantization and Huffman Coding," arXiv: 1510.00149, 2016.

Hinton, G., R. Salakhutdinov, "Reducing the dimensionality of data with neural networks," *Science*, Vol.313, No.5786, Jul. 2006.

Hinton, G., S. Osindero, Y. Teh, "A fast learning algorithm for deep belief nets," *Neural Computation*, Vol.18, 2006.

Jaeger, H., "Deep neural reasoning," *Nature*, 538, 2016.

Jia, Y., "Caffe: An Open Source Convolutional Architecture for Fast Feature Embedding," 2013. http://caffe.berkeleyvision.org/

Kalchbrenner, N., L. Espeholt, K. Simonyan, A. van den Oord, A. Graves, and K. Kavukcuoglu, "Neural Machine Translation in Linear Time," arXiv: 1610.10099, 2016.

Kingma, D. P. and M. Welling, "Auto-Encoding Variational Bayes," arXiv: 1312.6114v10, 2014.

Krizhevsky, A., I. Sutskever, G. Hinton, "ImageNet classification with deep convolutional neural networks," Advances in Neural Information Processing (NIPS), Lake Taho, NV, 2012.

Kurzweil, R., *How to Create a Mind: The Secret of Human Thought Revealed*, Penguin Books, 2012.

Marcus, G., "Is 'Deep Learning' a Revolution in Artificial Intelligence?," *The New Yorker*, November 25, 2012.

Markoff, J., "How Many Computers to Identify a Cat? 16,000," *New York Times*. June 25, 2012.

Markoff, J., "Scientists See Promise in Deep-Learning Programs," *New York Times*. November 24, 2012.

Marr, D., "Vision: A Computational Investigation into Human Representation and Processing of Visual Information," San Francisco: Freeman, 1982.

Mikolov, T., W.-T. Yih, G. Zweig, "Linguistic Regularities in Continuous Space Word Representations," In Proc. of NAACL HLT, 2013.

Minsky, M., S. Papert, *Perceptrons*, Cambridge, MA: MIT Press, 1969.

Mitchell, T., *Machine Learning*, McGraw-Hill Education, 1997.

Petroff, A., "Elon Musk says Mark Zuckerberg's understanding of AI is 'limited'," CNN. July 25, 2017.

Redmon, J., A. Farhadi, "YOLO9000: Better, Faster, Stronger," arXiv: 1612.08242, 2016.

Riesenhuber, M., T. Poggio, "Hierarchical models of object recognition in cortex," *Nature Neuroscience*, Vol.2, No.11, 1999.

Rumelhart, D. E., G. E. Hinton, R. J. Williams, "Learning internal representations by error propagation" in *Parallel Distributed Processing*, MIT Press, 1986.

Schmidhuber, J., "Deep Learning in Neural Networks: An Overview," Technical Report IDSIA-03-14, 2014.

Smolensky, P., "Information Processing in Dynamical Systems: Foundations of Harmony Theory," in *Parallel distributed processing: Explorations in the microstructure of cognition*, Vol.1, MIT Press, Cambridge, MA, 1986.

Socher, R., M. Ganjoo, H. Sridhar, O. Bastani, C. D. Manning, A. Y. Ng, "Zero-shot learning through cross-modal transfer," in Proc. of International Conference on Learning Representations (ICLR), Scottsdale, AZ, 2013.

Sutskever, I., O. Vinyals, and Q. Le, "Sequence to sequence learning with neural networks," Advances in Neural Information Processing Systems (NIPS), 2014.

Tenenbaum, J. B., V. de Silva, and J. C. Langford, "A global geometric framework for nonlinear dimensionality reduction," *Science*, vol.290, 2000.

Thorpe, S. J., M. Fabre-Thorpe, "Seeking Categories in the Brain," *Science*, Vol.291, No.5502, Jan. 2001.

Vaswani, A., N. Shazeer, N. Parmar, J. Uszkoreit, L. Jones, A. N. Gomez, and I. Polosukhin," Attention Is All You Need," arXiv: 1706.03762, 2017.

Xu, K., J. L. Ba, R. Kiros, K. Cho, A. Courville, R. Salakhutdinov, R. Zimel, and Y. Bengio, "Show, Attend and Tell: Neural Image Caption Generation with Visual Attention," arXiv: 1502.03044, 2015.

http://spectrum.ieee.org/robotics/artificial-intelligence/machinelearning-maestro-michael-jordan-on-the-delusions-of-big-data-and-other-huge-engineering-efforts

https://www.digitaltrends.com/cool-tech/japanese-ai-writes-novel-passes-first-round-nationanl-literary-prize/

https://www.youtube.com/watch?v=LY7x2Ihqjmc

3장

Kleinberg, Jon et. al., "Human Decision and Machine Predictions," NBER

Working Paper Series, 2017.

Laura and John Arnold Foundation, *Public Safety Assessment: Risk Factors and Formula*, 2016.

The State of New Jersey, *The New Jersey Pretrial Justice Manual*, 2017.

4장

윤혜선, 「인공지능을 둘러싼 법의 관심과 그 지향점에 관한 일고(一考)―미국의 인공지능과 법에 관한 논의 동향을 중심으로」, 《KISO저널》 제23호, 2016.06. http://journal.kiso.or.kr/?p=7536

이원태, 「4차 산업혁명과 지능정보사회의 규범 재정립」, 《KISDI Premium Report》, 2017.06.

이원태, 「유럽연합(EU)의 로봇법(RoboLaw) 프로젝트」, 《KISO저널》 제23호, 2016.06. http://journal.kiso.or.kr/?p=7496

Erik Brynjolfsson & Andrew McAfee, *The Second Machine Age: Work, Progress, and Prosperity in a Time of Brilliant Technologies*, NY: W. W. Norton, 2014.

THE OECD, *JOBS STUDY: Facts, Analysis, Strategies*, OECD, 1994.

US, Obama administration, *Big Data: A report on Algorithm Systems, Opportunity and Civil Rights*, 2016.03. https://obamawhitehouse. archives.gov/sites/default/files/microsites/ostp/2016_0504_data_ discrimination.pdf

5장

박승일, 「인터넷과 정신관리권력」, 《한국언론정보학보》 제87집, 한국언론정보학회, 2018.

백욱인, 『디지털 데이터 · 정보 · 지식』, 커뮤니케이션북스, 2013.

백욱인, 「서비스 플랫폼의 전유 방식 분석에 관한 시론—'플랫폼 지대와 이윤'을 중심으로」, 《경제와 사회》 제104호, 비판사회학회, 2014.

손화철, 『랜던 위너』, 커뮤니케이션북스, 2016.

손화철, 「기술의 시대, 인간의 자리」, 열린연단: 문화의 안과 밖, 네이버 문화재단, 2018. https://openlectures.naver.com/contents?contentsId=140498&rid=2939&lectureType=modern#literature_contents (접속일: 2018.07.24.)

오세현 · 김승종, 『블록체인노믹스: 신뢰사회로 이끄는 거래의 혁명』, 한국경제신문, 2017.

이항우, 『정동 자본주의와 자유노동의 보상』, 한울, 2017.

전명산, 『블록체인 거번먼트』, 알마, 2017.

조정환, 『인지자본주의—현대 세계의 거대한 전환과 사회적 삶의 재구성』, 갈무리, 2011.

홍성욱, 「7가지 테제로 이해하는 ANT」, 홍성욱 편역, 『인간 · 사물 · 동맹: 행위자네트워크 이론과 테크노사이언스』, 이음, 2010.

Bartlett. R. D., "Patterns for Decentralised Governance and why Blockchain Doesn't Decentralise Power… Unless You Design It To," 2017. https://blog.p2pfoundation.net/patterns-for-decentralised-governance-and-why-blockchain-doesnt-decentralise-power-unless-you-design-it-to/2017/09/22 (접속일: 2018.05.31.)

Bauwens, M., "Withering Away of the State 3.0," P2P Foundation Blog, 2018. https://blog.p2pfoundation.net/withering-away-of-the-state-3-0/2018/01/25 (접속일: 2018.04.30.)

Bauwens, M., 2018b, "P2P: A new cycle of post-civilizational development," 2018. http://commonstransition.org/18186-2/ (접속일: 2018.05.26.)

Bauwens, M., Kostakis, V., Troncoso, S., and Utratel, A. M., "Commons Transition and P2P: a primer," 2017. https://www.tni.org/files/

publication-downloads/commons_transition_and_p2p_primer_v9.pdf
(접속일: 2018.05.26.)

Benkler, Y., *The wealth of networks: how social production transforms markets and freedom*, New Haven [Conn.]: Yale University Press, 2006. / 요하이 벤클러, 최은창 옮김, 『네트워크의 부: 사회적 생산은 시장과 자유를 어떻게 바꾸는가』, 커뮤니케이션북스, 2015.

Bollier, D., *Think like a commoner: a short introduction to the life of the commons*, Gabriola, British Columbia: New Society Publishers, 2014. / 데이비드 볼리어, 배수현 옮김, 『공유인으로 사고하라』, 갈무리, 2015.

Bollier, D., 2015, "The Blockchain: A Promising New Infrastructure for Online Commons," *David Bollier: news and perspectives on the commons, 2015.* http://www.bollier.org/blog/blockchain-promising-new-infrastructure-online-commons/

Bryan, D. and Virtanen, A., "What is a crypto economy?," 2018. https://medium.com/econaut/what-is-a-crypto-economy-155bdbc4ab1d 접속일: 2018.05.29.

Bryan, D. and Virtanen, A., "Whose stability?—Reframing stability in the crypto economy," 2018. https://medium.com/econaut/whose-stability-6521874f6c5a (접속일: 2018.05.29.)

Davidson, S., De Filippi, P & Potts, J., "Economics of Blockchain," 2016. https://ssrn.com/abstract=2744751 or http://dx.doi.org/10.2139/ssrn.2744751 (접속일: 2018.04.17.)

Davis, J., "The Crypto-Currency: Bitcoin and its mysterious inventor," *The New Yorker*, 2011.10.10. https://www.newyorker.com/magazine/2011/10/10/the-crypto-currency (접속일: 2018.04.16.)

De Filippi, P., "What Blockchain Means for the Sharing Economy," *Harvard Business Review*, 2017. https://hbr.org/2017/03/what-blockchain-means-for-the-sharing-economy (접속일: 2018.04.22.)

Feenberg, A., *Questioning technology*, New York: Routledge, 1999. /

앤드류 핀버그, 김병윤 옮김, 『기술을 의심한다: 기술에 대한 철학적 물음』, 당대, 2018.

Gosselin, T., "The Blockchain: An Infrastructure for the Commons," 2016. https://www.namaste.org/blog/the-blockchain-an-infrastructure-for-the-commons (접속일: 2018.07.29.)

Hardin, G., "The Tragedy of the Commons," *Science*, Vol.162, Issue 3859, 1968.

Hart, J. K., "Power and Culture," *The Survey Graphic*, Number 51, 1924.

Kleiner, D., *The Telekommunist Manifesto*, Institute for Network Cultures, 2010. / 드리트리 클라이너, 권범철 옮김, 『텔레코뮤니스트 선언』, 갈무리, 2014.

Law, J., "Notes on the Theory of the Actor Network: Ordering, Strategy and Heterogeneity," *Systems Practice* 5(4), 1992. / 존 로, 「ANT에 대한 노트 ─ 질서짓기, 전략, 이질성에 대하여」, 홍성욱 편역, 『인간·사물·동맹: 행위자네트워크 이론과 테크노사이언스』, 이음, 2010.

Lessig, L., *Code: version 2.0*, New York: Basic Books, 2006. / 로렌스 레식, 김정오 옮김, 『코드 2.0』, 나남출판, 2009.

Levy, S., *Hackers, Heroes of the Computer Revolution*, Sebastopol, CA: O'Reilly Media, 2010.

Mumford, L., "Authoritarian and Democratic Technics," *Technology and Culture*, Vol.5, No.1, 1964.

Negri, A. and Hardt, M., *Commonwealth*, Cambridge: Belknap Press of Harvard University Press, 2009. / 안토니오 네그리·마이클 하트, 정남영·윤영광 옮김, 『공통체』, 사월의 책, 2014.

Ostrom, E., *Governing the commons: the evolution of institutions for collective action*. Cambridge: Cambridge University Press, 1990. / 엘리너 오스트롬, 윤홍근 옮김, 『공유의 비극을 넘어 ─ 공유자원관리를 위한 제도의 진화』, 랜덤하우스코리아, 2010.

Roy, A., "Come September," *War talk*, Cambridge, Mass.: South End Press, 2003.

Tapscott, D. and Tapscott, A., *Blockchain revolution: how the technology behind bitcoin is changing money, business, and the world*, New York: Portfolio, 2016./돈 탭스콧·알렉스 탭스콧, 박지훈 옮김, 『블록체인 혁명』, 을유문화사, 2017.

Volpicelli, G., "Smart Contracts Sound Boring, But They're More Disruptive Than Bitcoin," Motherboard, 2015.02.17. https://motherboard.vice.com/en_us/article/pgaxjz/smart-contracts-sound-boring-but-theyre-more-disruptive-than-bitcoin (접속일: 2018.04.17.)

Wark, M., *A hacker manifesto*, Cambridge, MA: Harvard University Press, 2004.

Waters, N., "Blockchain Commons: The End of All Corporate Business Models," 2017. https://medium.com/peerism/blockchain-commons-the-end-of-all-corporate-business-models-3178998148ba (접속일: 2018.07.29.)

Winner, L., *The Whale and the Reactor: a Search for Limits in an Age of High Technology*, Chicago: University of Chicago Press, 1986./랭던 위너, 손화철 옮김, 『길을 묻는 테크놀로지―첨단 기술 시대의 한계를 찾아서』, 씨아이알, 2010.

찾아보기

저자약력 (가나다순)

김경환

법무법인 민후 대표변호사

서울대학교 전자공학과에서 학사·석사를 마친 후 사법시험에 합격하여 변호사로 활동
하면서 IT와 관련된 법적 이슈, IT가 가져올 미래사회의 변화, IT와 관련된 규제 등의
문제를 법적으로 해결하는 데 주력하고 있다. 숭실사이버대학교 외래교수, 산업기술분
쟁조정위원회 조정위원, 온라인광고분쟁조정위원회 조정위원, 개인정보분쟁조정위원
회 조정위원, 방송통신위원회 법령자문위원, 국토교통부 자율주행차 융·복합 미래포
럼 인문·사회분과 전문위원, 공정거래위원회 기업거래정책 자문위원, 지식재산위원회
해외진출 중소기업 IP전략지원 특별전문위원회 전문위원 등도 역임하고 있다.

박충식

유원대학교(아산캠퍼스) 스마트IT학과 교수

한양대학교 전자공학과를 졸업하고, 연세대학교 전자공학과(인공지능 전공)에서 공학
박사를 취득하고, 1994년부터 유원대학교(구, 영동대학교) 교수로 스마트IT학과에 재
직하고 있다. 구성주의적 관점의 인공지능 구현을 연구하고 있으며, 인문사회학과 인
공지능의 학제적 연구에도 관심을 가지고 있다. 프란시스코 바렐라의 『윤리적 노하우』
(갈무리, 2009)를 공역했고, 『제4차 산업혁명과 새로운 사회윤리』(아카넷, 2017), 『인공
지능의 존재론』(한울아카데미, 2018), 『인공지능과 새로운 규범』(아카넷, 2018)을 공저
했다. 2016년 8월부터 현재까지 《이코노믹 리뷰》에 '박충식의 인공지능으로 보는 세상'
을 연재하고 있다.

손화철

한동대학교 교양학부 교수(철학)

서울대학교 철학과를 거쳐 벨기에 루뱅대학교 철학부에서 '현대 기술과 민주주의'라는
주제로 박사학위를 취득했다. 세부 전공은 기술철학이고, 주요 연구 분야는 기술철학의
고전이론, 기술과 민주주의, 포스트휴머니즘, 빅데이터와 인공지능의 철학, 미디어 이
론, 공학윤리, 연구윤리 등이다. 『랭던 위너』(컴북스, 2016)와 『현대기술의 빛과 그림자:

토플러와 엘륄』(김영사, 2006)을 썼고, 공저로『4차 산업혁명이라는 거짓말』(북바이북, 2017),『포스트휴먼 시대의 휴먼』(아카넷, 2016),『과학기술학의 세계』(휴먼사이언스, 2014),『한 평생의 지식』(민음사, 2012),『과학철학: 흐름과 쟁점, 그리고 확장』(민음사, 2011) 등이 있으며, 닐 포스트먼의『불평할 의무: 우리 시대의 언어와 기술, 그리고 교육에 대한 도발』(씨아이알, 2016)과 랭던 위너의『길을 묻는 테크놀로지』(씨아이알, 2010)를 번역했다.

윤영광

서울대학교 박사과정 수료

고려대학교 법학과를 거쳐 서울대학교 철학과 박사과정을 수료하고 칸트 계몽 개념에 대한 연구로 박사학위논문을 집필 중이다. 전공인 칸트 철학 외에 현대 정치철학, 현대 자본주의 생산양식, 커먼즈 패러다임 등에 관심을 갖고 있다. 주요 논문으로는「탈정체화의 정치: 랑시에르 정치철학에서 주체(화) 문제」,「윤리로서의 정치, 혹은 장치라는 문제: 기업(가)적 주체의 출현과 주체성의 대안적 생산」,「네그리와 하트의 정치이론에서 자율의 의미와 조건」 등이 있고, 번역서로는『이제 모든 것을 다시 발명해야 한다』(세르지오 볼로냐 외, 2010),『제국은 어떻게 움직이는가?』(제임스 페트라스 외, 2010),『공통체: 자본과 국가 너머의 세상』(안토니오 네그리·마이클 하트, 2014) 등이 있다.

이성웅

한국IBM 상무

서강대학교 정치외교학과를 졸업했고, 서울대학교 행정대학원에서 행정학을 전공했다. 현재는 한양대학교 과학기술정책학과 박사과정에서 공부하고 있다. 졸업 이후 정당, 국회, IBM 등에서 일했다. 근무한 조직은 달랐지만 주로 정부 정책과 규제에 관련한 업무를 담당했다. 현재 소속된 한국IBM에서는 정책협력 업무를 총괄하고 있다. 주로 하는 일은 기술정책에 관한 대정부 협력이다. 국회의 입법과정과 정부의 정책, 규제 프로세스에 관해 실무적 지식과 경험을 가지고 있다. IBM에서 수년 전부터 왓슨(Watson)이라는 인공지능 솔루션과 서비스를 시장에 출시하면서 인공지능 분야의 정부 정책과 규제에 관한 업무를 담당하고 있다. 특히 다양한 학제간 연구와 국회-정부-기업-전문가-시민 공동체의 논의를 통해 바람직한 인공지능 윤리규범의 개발이 절실함을 깨닫고 이 분야 공부와 정책협력 활동에 매진하고 있다.

최희열

한동대학교 전산전자공학부 조교수

2016년 9월부터 현재까지 한동대학교 전산전자공학부에서 조교수로 섬기고 있다. 2015년 9월부터 2016년 7월까지 캐나다 몬트리올대학교에 있는 요수아 벤지오(Yoshua Bengio) 연구실(MILA)에서 방문연구원으로 있었고, 그전에는 삼성전자 종합기술원에서 근무했다.

2002년과 2005년에 포스텍에서 컴퓨터공학으로 학부와 석사를 마쳤고, 2010년 미국 텍사스A&M대학교에서 컴퓨터공학(Computer Science and Engineering)으로 박사학 위를 받았다. 이후 미국 인디애나대학교의 인지과학 프로그램에서 박사후 과정으로 있었다. 관심 연구 분야는 인공지능과 딥러닝, 패턴인식, 인지과학 등이다.

이 책은 대우재단의 출판 지원에 의해 발간되었습니다.

포스트휴먼사이언스 06

인공지능의 이론과 실제

1판 1쇄 찍음 | 2019년 7월 17일
1판 1쇄 펴냄 | 2019년 7월 24일

엮은이 | 한국포스트휴먼연구소 · 한국포스트휴먼학회
펴낸이 | 김정호
펴낸곳 | 아카넷

출판등록 | 2000년 1월 24일(제406-2000-000012호)
주소 | 10881 경기도 파주시 회동길 445-3
전화 | 031-955-9511(편집) · 031-955-9514(주문)   팩시밀리 | 031-955-9519
www.acanet.co.kr | www.phildam.net

ⓒ 한국포스트휴먼연구소 · 한국포스트휴먼학회, 2019

Printed in Seoul, Korea.

ISBN 978-89-5733-637-3 94300
ISBN 978-89-5733-524-6 (세트)

이 도서의 국립중앙도서관 출판예정도서목록(CIP)은 서지정보유통지원시스템 홈페이지(http://seoji.nl.go.kr)와
국가자료공동목록시스템(http://www.nl.go.kr/kolisnet)에서 이용하실 수 있습니다.(CIP제어번호: CIP2019027180)